牡丹江师范学院人文社会科学研究项目（QN2018017）资助
哈尔滨秀山水国际旅行社有限公司横向课题（2018H21）资助

牡丹江市
历史文化旅游资源探究

张欣阳　著

北　京
冶　金　工　业　出　版　社
2018

内 容 提 要

本书对牡丹江市及下辖五市一县区域范围内的民俗文化、遗址文化、建筑文化、信仰文化、服饰文化、红色文化、边疆文化等历史文化旅游资源进行系统调查和挖掘整理，对其中具有极高学术价值和代表性的莺歌岭文化、渤海国文化、宁古塔文化、满族史俗、抗联红色文化，以及边疆文化进行了重点研究，以期构建起牡丹江市系统的历史文化旅游资源体系，并结合国家"一带一路"倡议及全域旅游发展理念等提出科学系统的开发建议。

本书的主要读者对象为旅游管理领域的研究人员及专家学者、旅游管理专业的高校师生，也可作为地方政府、旅游管理机构及旅游企业管理者的参考书。

图书在版编目(CIP)数据

牡丹江市历史文化旅游资源探究／张欣阳著．—北京：冶金工业出版社，2018.7

ISBN 978-7-5024-7923-7

Ⅰ.①牡…　Ⅱ.①张…　Ⅲ.①文化—旅游资源—研究—牡丹江　Ⅳ.①F592.735.3

中国版本图书馆 CIP 数据核字(2018)第 217237 号

出 版 人　谭学余

地　　址　北京市东城区嵩祝院北巷 39 号　邮编　100009　电话　(010)64027926

网　　址　www.cnmip.com.cn　电子信箱　yjcbs@cnmip.com.cn

责任编辑　贾怡雯　美术编辑　吕欣童　版式设计　孙跃红

责任校对　郑　娟　责任印制　李玉山

ISBN 978-7-5024-7923-7

冶金工业出版社出版发行；各地新华书店经销；北京建宏印刷有限公司印刷

2018 年 7 月第 1 版，2018 年 7 月第 1 次印刷

148mm×210mm；4.625 印张；151 千字；138 页

28.00 元

冶金工业出版社　投稿电话　(010)64027932　投稿信箱　tougao@cnmip.com.cn

冶金工业出版社营销中心　电话　(010)64044283　传真　(010)64027893

冶金书店　地址　北京市东四西大街 46 号(100010)　电话　(010)65289081(兼传真)

冶金工业出版社天猫旗舰店　yjgycbs.tmall.com

（本书如有印装质量问题，本社营销中心负责退换）

前　言

牡丹江市拥有丰富的旅游资源，根据牡丹江市旅游发展委员会总结，牡丹江市旅游资源呈现“湖、林、雪、边、俗、特、红”七大特色，涵盖8个主类，29个亚类，109个基本类型，覆盖了国家旅游资源分类的95%，是全国著名的避暑胜地及国家级优秀旅游城市。牡丹江地区有6000多年的文明史，莺歌岭文化、渤海国文化、宁古塔文化、流人文化、闯关东文化、红色历史文化、北大荒文化、百年对俄交流文化在牡丹江相互交融，留下了四百余处遗址遗迹。但得天独厚的自然旅游资源和丰厚的人文旅游资源由于没有得到有效的开发利用，历史文化还没有真正地融入旅游产业发展中，使得牡丹江市旅游业发展没有展示出应有的魅力。文化是旅游的灵魂，旅游可以成为文化的载体。如何从本地历史文化中汲取营养，提炼特色，把历史文化与独特的自然旅游资源有机融合，相得益彰，是破解旅游产业发展难题的关键所在。

作为高校旅游管理专业的教师，本人长期从事牡丹江地域文化挖掘及旅游开发利用的研究，自师从我国著名的满族语言文化专家赵阿平教授攻读博士学位，研究满族语言文化后，深深感到梳理并总结牡丹江地区历史文化旅游资源，厚植文化基础，对于地区旅游业发展具有极大的推动作用。

本书从牡丹江历史文化的全貌及多样性入手，根据2003年中华人民共和国国家质量监督检验检疫总局发布的旅游资源分类标准，对牡丹江地区的历史文化旅游资源进行整理、分类、评价。根据考古挖掘报告及文献记载，收集口承资料以及系统的实地调研，梳理牡丹江地区历史，按照牡丹江市行政区域划分的牡丹江市区、绥芬河市、海林市、宁安市、穆棱市、东宁市、林口县进行资源分类介绍。希望本书不仅能够为旅游管理专业人才培养提供有价值的信息，更能为旅游管理政府机构及旅游企业管理者的决策提供参考。

感谢刁丽伟、冯勋明、李福生、高兴光、綦中明、路科等专家给予的帮助，感谢牡丹江市旅游发展委员会、牡丹江市国土资源局和牡丹江市文广新局文物管理站对牡丹江地区历史遗存梳理提供的宝贵资料，感谢哈尔滨秀山水国际旅行社有限公司横向课题（2018H21）和牡丹江师范学院人文社会科学研究项目（2018017）给予的资助。

本书是作者对牡丹江地区历史文化与旅游资源分类结合分析的第一次尝试，由于水平有限，疏漏之处，敬请读者批评指正！

作　者

2018年4月

目　　录

1 绪　论

文化是旅游业发展的灵魂。世界范围内的旅游业发展规律已经昭示了旅游强国的核心优势主要在于文化吸引力的营造。

从全世界范围来看，具有大量丰富历史文化遗产的国家或地区一般都是世界旅游胜地，也往往是旅游者趋之若鹜的热点地区。例如：欧洲的英国、意大利、西班牙、法国、德国、希腊等，美洲的美国、墨西哥等，亚洲的中国、印度等。

在上述这些国家中，意大利、西班牙、法国、德国、英国、美国已经长期成为全世界范围最主要的客源输出国和旅游目的地，凭借自身强盛的经济实力并依托丰厚的历史文化吸引物，这些国家兼具客源国和目的地的双重领导者身份，成为世界范围内领头的旅游发达国家。

相比较而言，受到自身经济发展水平和国民经济收入的限制，虽然同样具有丰厚历史文化底蕴的中国和印度，在积极发挥了自身千年历史文明古国的资源优势后，迅速崛起成为世界范围内的主要旅游目的地，但在作为客源输出国方面依然与上一梯队具有一定的差距。从而目前成为世界范围内的旅游大国。

在世界范围内的旅游大国、旅游强国这条发展道路上，在旅游产业发展的实践规律上，无不体现着历史文化遗存的重要地位。而对于一个旅游目的地的发展而言，也是在本书关注的研究领域内，全面系统地掌握区域内所拥有的历史文化旅游资源，科学评价其特征，创新融合其价值，战略规划其开发，是促进旅游目的地健康快速发展的重中之重。

牡丹江市作为中国优秀旅游城市之一，旅游业的发展虽然起步较晚，但短期内取得了良好的业绩。作为黑龙江省东南部的政治、经济、文化中心，牡丹江市是黑龙江省第二大旅游城市，拥有极为丰富的旅游资源，而目前较为成熟且具有社会效应的主要是避暑度假、森林探险、冰雪游乐、边境旅游等产品，更多的是发挥了其地理位置优势的自然资源功效。对于区域内积淀醇厚的历史文化底蕴，目前的挖掘利用仍有极大空间，如莺歌岭文化、渤海国文化、宁古塔文化、流人文化、闯关东文化、红色历史文化、北大荒文化、百年对俄交流文化等众多文化遗存，在旅游产品的转化和旅游效应的营造上，仍需我们加紧步伐，砥砺前行。本书的研究工作正是以此为方向，抛砖引玉，希望能为上述目标的实现做个铺垫。

为保证整体研究工作的科学和严谨性，本章将主要针对历史文化旅游资源的内涵、特征、结构体系等基础理论做细致分析，以指导后面的资源调查及评价等工作，并阐述本书研究的意义所在。

1.1 理论基础研究

1.1.1 历史文化旅游资源界定

对于历史文化旅游资源的界定，我们从历史旅游、历史文化旅游，以及旅游资源等概念逐级剖析，力求给出清晰明确的历史文化旅游资源的内涵及外延，以指导后续的调查研究。

1.1.1.1 历史旅游

历史作为时间的维度，从工作主体设定的时间点逆推，时间轴上的后向范畴都属于历史内容。

而从马克思、恩格斯对历史的定义来看，“历史可以从两个方面来考察，可以把它划分为自然史和人类史。但这两方面是密切相连的：只要有人存在，自然史和人类史就彼此相互制约。”

可见，“历史旅游”就包含了以所设定时间范围内的所有历史事项为吸引物的旅游活动，包括欣赏自然历史景观和人文历史景观，如游览观赏地壳变迁的历史痕迹、地貌景观的年代演化，参观感受人类遗址、历史战争遗迹等。

1.1.1.2 历史文化旅游

历史文化旅游关乎文化范畴，而“文化”是以人类精神传承和人类社会发展的物质积淀总和为要义，所以谈及“历史文化旅游”，相对于“历史旅游”则应包含人文历史景观的旅游活动而排除自然历史景观的旅游活动。

遵照广义的历史文化分类，历史文化旅游的内容就包含了研究工作设定的历史时间内的所有文化事项，例如人类历史文化、社会文化、民俗文化、宗教文化、商业文化、建筑文化等。

1.1.1.3 历史文化旅游资源

A 旅游资源的内涵

对于旅游资源（tourism resources）这一概念，至今在学术界未能达成统一认识，自 20 世纪 80 年代旅游研究热潮兴起以来，旅游资源的定义和争论层出不穷、多种多样。具有代表性的几种表述如下：

(1) 凡能为旅游者提供游览观赏、知识乐趣、度假疗养、娱乐休息、探险猎奇、考察研究以及友好往来和消磨闲暇时间的客体和劳务，均可称为旅游资源。

(2) 旅游资源是在现实条件下，能够吸引人们产生旅游动机并进行旅游活动的各种因素的总和，它是旅游业产生和发展的基础。

(3) 凡是能够造就对旅游者具有吸引力环境的自然因素、社会因素或其他任何因素，都可构成旅游资源。

(4) 旅游资源是指客观存在的包括已经开发利用和尚未开发利用的，能够吸引人们开展旅游活动的一切自然存在、人类活动以及它们在不同时期形成的各种产物之总称。

(5) 旅游资源是指对旅游者具有吸引力的自然存在和历史文化遗产以及直接用于旅游目的的人工创造物。

(6) 广义旅游资源指凡是能为旅游活动提供支撑和保障的一切物质和非物质的资源，包括旅游景观资源、资金资源、设施资源、商品资源、人力资源、智力资源、信息资源和环境资源等。狭义旅游资源仅指旅游景观和环境资源。

为了进一步明确界定历史文化旅游资源，面对种种旅游资源的定义，我们首先应主要把握已经获得公认的，且是客观事实的基本内容：

第一，旅游资源是一种潜在的客观存在，包括物质的和非物质的两部分；

第二，旅游资源是旅游者实施旅游行为的动力因素，即存在吸引力；

第三，旅游资源因其成长所处环境属性具有极强的地域依赖性。

B 历史文化旅游资源的内涵

对照上述对于旅游资源的理解和分析，历史文化旅游资源是指凡是能够吸引人们产生旅游动机并进行旅游活动的各种历史文化因素的总和，包括物质和非物质两部分，并且因为文化地域性特征而呈现极强的地域依赖性。

结合历史学的研究对象分析，人们了解历史的途径主要包括文献资料、口承和实物遗存等三种。旅游者因对历史文化的兴趣而产生旅游动因实施旅游行为，接触和感受历史文化的途径同样应为文献资料、口承和实物遗存的旅游业加工载体，因此历史文化旅游资源的呈现形式也主要是这三种来源。

遵从这一思想来看，目前现实中旅游业的发展实际，历史文化旅游开发更注重的是实物遗存这一资源来源，并没有更加全面系统的关注和利用文献资料和口承资源，最明显的现实证据就是各地区博物馆往往成为旅游吸引物之一，而档案馆、图书馆、音像资料馆等一般无游客问津。

从历史学角度来看，文献资料一直是最主要的传史形式，口承是传史的重要补充，尤其涉及一些更具旅游吸引力的民间趣史，因此，“读史—听史—观史”是一个系统地了解历史文化的完整过程，这对于历史文化旅游资源开发和历史文化旅游的科学发展是一种方向性的指引，如何将全面的历史文化旅游资源融合成一体的历史文化旅游吸引物，需要遵从这一观念来认真思考。

1.1.2 历史文化旅游资源体系构建

基于上述分析，历史旅游包含了自然历史发展要素和人文历史发展要素。而历史文化旅游则只从文化范畴关注人文历史发展要素。

按照目前我国旅游规划界广泛应用的国家标准《旅游资源分类、调查与评价》（GB/T 18972—2003）对旅游资源的结构设置，我们提出历史文化旅游资源的体系结构如图 1-1 所示。

历史文化旅游
- 历史遗址遗迹
- 历史建筑与设施
- 历史文化旅游商品
- 历史文化人文活动

图 1-1 历史文化旅游资源结构

参照《旅游资源分类、调查与评价》（GB/T 18972—2003）的分类体系，将历史文化旅游资源具体结构划分为 4 大主类、13 亚类、62 个基本类型，具体内容见表 1-1。

表 1-1 历史文化旅游资源结构分类

主类	亚类	基本类型	简 要 说 明
历史遗址遗迹	史前人类活动场所	人类活动遗址	史前人类聚居、活动场所
		文化层	史前人类活动留下来的痕迹、遗物和有机物所形成的堆积层
		文物散落地	在地面和表面松散地层中有丰富文物碎片的地方
		原始聚落遗址	史前人类居住的房舍、洞窟、地穴及公共建筑
	社会经济文化活动遗址遗迹	历史事件发生地	历史上发生过重要贸易、文化、科学、教育事件的地方
		军事遗址与古战场	发生过军事活动和战事的地方
		废弃寺庙	已经消失或废置的寺、庙、庵、堂、院等
		废弃生产地	已经消失或废置的矿山、窑、冶炼场、工艺作坊等
		交通遗迹	已经消失或废置的交通设施
		废城与聚落遗迹	已经消失或废置的城镇、村落、屋舍等居住地建筑及设施
		长城遗迹	已经消失的长城遗迹
		烽燧	古代边防报警的构筑物

续表1-1

主类	亚类	基本类型	简要说明
历史建筑与设施	历史人文旅游地	宗教与祭祀活动场所	进行具有历史传承的宗教、祭祀、礼仪活动场所的地方
		历史文化活动场所	进行有关历史文化活动、展览、科学技术普及的场所
		历史工程与生产地	具有悠久发展历史的工程和实体单位，如工厂、矿区、农田、牧场、林场、茶园、养殖场、加工企业以及各类生产部门的生产区域和生产线
		社会发展历史中传承下来的社会与商贸活动场所	具有悠久发展历史的进行社会交往活动、商业贸易活动的场所
		军事历史观光地	社会发展历史过程中用于战事的建筑物和设施
		具有一定发展历史的边境口岸	社会发展历史过程中边境上设立的过境或贸易的地点
	单体历史文化活动场馆	祭拜场馆	为礼拜神灵、祭祀故人所开展的各种宗教礼仪历史文化活动的馆室或场地
		历史文化展示演示场馆	为各类历史文化展出演出活动开辟的馆室或场地
	历史文化景观建筑与附属型建筑	佛塔	通常为直立、多层的历史佛教建筑物
		塔形建筑物	为纪念、镇物、表明风水和某些实用目的的直立历史建筑物
		楼阁	用于藏书、远眺、巡更、饮宴、娱乐、休憩、观景等目的而建的二层或二层以上的历史建筑
		石窟	临崖开凿，内有雕刻造像、壁画，具有宗教意义的历史文化洞窟
		长城段落	古代军事防御工程段落

续表 1-1

主类	亚类	基本类型	简 要 说 明
历史建筑与设施	历史文化景观建筑与附属型建筑	城（堡）	用于设防的古代城体或堡垒
		摩崖字画	在山崖石壁上镌刻的文字，绘制的历史文化图画
		碑碣（林）	为纪事颂德而筑的历史文化刻石
		人工洞穴	用来防御、储物、居住等目的而建造的历史文化地下洞室
		历史文化建筑小品	用以纪念、装饰、美化环境和配置主体建筑物的独立历史文化建筑物，如雕塑、牌坊、戏台、台、阙、廊、亭、榭、表、舫、影壁、经幢、喷泉、假山与堆石、祭祀标记等
	历史文化居住地与社区	传统与乡土建筑	具有地方建筑风格和历史文化色彩的单个居民住所
		特色历史文化街巷	能反映某一时代建筑风貌，或经营专门特色商品和商业服务的历史文化街道
		名人故居与历史纪念建筑	有历史影响的人物的住所或为纪念历史著名事件而保留的建筑物
		书院	旧时地方上设立的供人读书或讲学的处所
		历史会馆	社会发展历史过程中旅居异地的同乡人共同设立的馆舍，主要以馆址的房屋供同乡、同业聚会或寄居
	归葬地	陵寝陵园	帝王及后妃的坟墓及墓地的宫殿建筑，以及一般以墓葬为主的园林
		墓（群）	单个坟墓、墓群或葬地
		悬棺	在悬崖上停放的棺木
	交通历史建筑	桥	古代跨越河流、山谷、障碍物或其他交通线而修建的架空通道
		车站	社会发展历史过程中为了装卸客货停留的固定地点
		港口渡口与码头	社会发展历史过程中位于江、河、湖、海沿岸进行航运、过渡、商贸、渔业活动的地方
		栈道	古代在悬崖绝壁上凿孔架木而成的窄路

续表 1-1

主类	亚类	基本类型	简 要 说 明
历史建筑与设施	水工历史建筑	古水库	社会发展历史过程中建设的供观光、游乐、休憩的水库、池塘等人工集水区域
		古水井	社会发展历史过程中向下开凿到饱和层并从饱和层中抽水的深洞
		古运河与渠道段落	社会发展历史过程中的人工开凿的水道段落
		古堤坝段落	社会发展历史过程中防水、挡水的构筑物段落
		古代提水设施	社会发展历史过程中提取引水设施
历史文化旅游商品	地方历史文化旅游商品	菜品饮食	社会发展历史过程中形成的具有跨地区声望的地方菜系、饮食
		中草药材及制品	社会发展历史过程中形成的具有跨地区声望的当地生产的中草药材及制品
		传统手工产品与工艺品	社会发展历史过程中形成的具有跨地区声望的当地生产的传统手工产品与工艺品
		其他物品	社会发展历史过程中形成的具有跨地区声望的当地生产的其他物品
历史文化人文活动	历史文化人事记录	历史人物	历史名人
		历史事件	发生过的历史事件
	历史文化艺术	古代文艺团体	古代表演戏剧、歌舞、曲艺杂技和地方杂艺的团体
		历史文学艺术作品	对社会生活进行形象的概括而创作的历史文学艺术作品
	民间历史文化习俗	地方历史文化风俗与民间礼仪	社会发展历史过程中形成的地方性的习俗和风气，如待人接物礼节、仪式等
		民间历史文化节庆	社会发展历史过程中形成的民间传统的庆祝或祭祀的节日和专门活动
		民间历史文化演艺	社会发展历史过程中形成的民间各种表演方式

续表 1-1

主类	亚类	基本类型	简要说明
历史文化人文活动	民间历史文化习俗	民间历史文化健身活动与赛事	社会发展历史过程中形成的地方性体育健身比赛、竞技活动
		宗教历史文化活动	社会发展历史过程中形成的宗教信徒举行的佛事活动
		特色历史文化饮食风俗	社会发展历史过程中形成的餐饮程序和方式
		特色历史文化服饰	社会发展历史过程中形成的具有地方和民族特色的衣饰

1.1.3 历史文化旅游资源评价

笔者论述的历史文化旅游资源评价仅是指出为旅游开发而做铺垫的重点方向，具体评价方法可以参照目前主流使用的一些具体方法，方法内容在本书中不做详细探讨。

1.1.3.1 旅游价值评价

历史文化旅游资源的旅游价值其核心体现就是旅游吸引力的高低，而其内容形式可以包括历史价值、艺术价值、文化价值等方面。

对于旅游消费者而言，之所以能够对某种或某个历史文化因素产生兴趣或是旅游的动因，在某种角度而言，该历史文化因素的知名度、社会认可度，以及社会影响力更成为主要的决定指标。

同时，这一因素所处于的上层历史文化系统往往也起到决定性的作用。换句话说，一个本身个体价值单一或水平较低的历史文化因素，因其所处文化系统整体的高价值性牵引，在旅游者追求体验文化整体性的前提下，其自身旅游价值会得到连带提升。

1.1.3.2 系统性评价

历史文化旅游资源的系统性评价主要指是否存在若干历史文化

因素共同构成一个能够较为完整还原某个人类社会发展历程中的某方面史实，能够为旅游者较全面再现人类社会发展历程的某个环节或方面。

相较于下一项的完整度评价而言，系统性评价主要考察历史文化旅游资源的横向结构范围，例如囊括了区域范围内的人类遗址、民族习俗、社会制度、生产生活、文学艺术、精神信仰等等方面，共同构成较为完整的历史文化系统，具有较高的整体价值。

1.1.3.3 完整度评价

历史文化旅游资源的完整度评价是从历史学的角度而言，从传史或文化传承角度是否较好地覆盖了三种途径，即其表现形式的文献资料、口承和实物遗存。

对照上一项评价而言，完整度评价主要考察历史文化旅游资源的纵向结构层次，反映历史文化因素对于还原某个历史文化史实的深度水平，例如既有保存较为完好的遗址遗迹，还有丰富的文献资料记载，更有诸多民间或传承组织保留下来的口头传承事项等，体现了较高的旅游价值。

1.1.3.4 空间分布评价

在某一历史文化系统层次框架下，历史文化旅游资源的空间分布特征主要影响旅游开发的以下几个方面：

一是影响开发难易程度。空间分布较为集中则开发经济性强，吸引力容易凝聚，反之则不然。

二是影响旅游便利性。空间分布较为集中则旅游者便利性较强，减少交通成本。

三是影响经济效益。这个影响方面具有辩证性特征，相对集中的空间分布容易形成较好的产品，产生集聚效益和辐射效益，但辐射能力受集聚效益决定；而相对分散的空间分布容易产生网格效益，从而形成范围性经济拉动。

1.2 牡丹江市历史文化旅游资源探究的意义

全面调查牡丹江市历史文化旅游资源并探究其特征和开发，对于促进牡丹江市的文化旅游业发展，提升文化影响力等方面都具有重要意义。

第一，本书的研究工作将有力促进未来牡丹江市历史文化旅游吸引物的开发，增强牡丹江市作为旅游目的地的历史文化吸引力，平衡自然旅游与人文旅游之间发展差距，提升整体旅游经济效益。

目前牡丹江市的旅游业发展中自然旅游资源利用率明显高于历史文化旅游资源，在当前所形成的较为成熟的旅游产品中也以自然观光和自然环境休闲体验为主，在战略发展规划中也多是以打造自然环境旅游休闲目的地为目标。虽然常在各种旅游产业发展文献中提及区域范围内拥有较多且价值特征鲜明的历史文化旅游资源，如渤海文化、流人文化、红色文化等，但都囿于目前这些历史文化旅游资源现状和特征的不鲜明，缺少旅游开发的可实际操作性，现在的状态多是实物遗存较少，文献资料散存于各种历史学资料中，口承资源缺少专项收集整理。总体而言，目前状态的差距恰恰是本书力求完善的方向。

第二，完整呈现牡丹江市历史文化旅游资源的价值全貌，提升牡丹江市历史文化资源在政府和旅游行业中的地位，促进自身发展位置向牡丹江市社会经济发展战略中心转移，享受更多优势政策和优势资源支持，营造历史文化旅游更好的发展空间。

牡丹江市目前旅游业的发展马太效应明显，具有较好基础的自然旅游资源开发受到持续的关注和重视，例如镜泊湖风景区和冰雪旅游持续作为旅游产业发展战略的龙头引领。而历史文化旅游资源开发由于起步晚、现状差，始终缺少破冰崛起的关键推手。此外，镜泊湖风景区和冰雪旅游领域本身拥有大量的隐性历史文化资源，却因为缺少足够的重视而一直未能突显其自身优势和价值，例如镜泊湖风景区周边丰富的历史文化和红色旅游资源、“林海雪原”的历史文化底蕴、东北冰雪生活的民俗文化等等，都缺少旅游开发中的融合创新。当这些丰富的历史文化旅游资源以系统整体形式呈现在各界人士面前时，相信会有更多的关注点和利益点被激发出来，从而促进历史文化旅游资源的开发和整体旅游业发展的平衡。

第三，有助于挖掘并树立一定区域范围内的文化偶像和标志，打造品牌性文化吸引物，拓展历史文化旅游发展空间，并推动形成地方民族与文化的标志。

牡丹江市拥有不断被各层面资料谈及的代表性历史文化资源，唐代的塞北明珠渤海文化、清代流人文化、抗联红色文化等，但多仍以史学文献资料的形式存在。因缺少实物遗存和口承资料的整理辅助，这些历史文化资源未能以某种经济活动的形式物化为社会经济发展中的某类载体。历史文化旅游恰恰具有实现这一目标的各种优势特征，在本书进行三种途径历史文化因素整理的系统工程下，进行有目的性的历史文化旅游资源开发，将有助于树立牡丹江市的文化偶像和文化标志，形成品牌性的历史文化吸引物，不仅能够进一步弘扬地方历史文化，更能推动地方文化产业的广泛发展和形象树立。

第四，有助于引领地方政府在历史文化政策和促进文化发展方面优化改革，例如，出台地方政策文件强调保护历史文化遗存的重要性等。

在上述意义实现的同时，牡丹江市的历史文化旅游发展必定会受到地方政府的充分重视，也一定会推动地方政府在可持续发展历史文化旅游的目标下加强历史文化旅游资源的保护与开发，从而形成一个良性的发展循环，进一步提升牡丹江市旅游产业发展的质量和水平。

2 牡丹江市历史文化概况

牡丹江是一方人文历史富集的土地，牡丹江既是城市的名字，也是一条江的名字，城以江名，江以城显。牡丹江历史悠远，不同的时代有不同的称谓，自唐以来，先称敖勒河，后来又称胡里改水、忽罕河、窝多里江、忽尔罕水或忽尔罕（也写作“汗”）河，皆是满语的称呼，汉语的意思是“围网”，即下网捕鱼之地，明中叶以后至清初开始逐步统一使用牡丹江，仍旧是满语，意为“曲曲弯弯”。

牡丹江市辖绥芬河、海林、宁安、穆棱、东宁和林口等5个县级市，1个县及4个市辖区，总面积为4.06万平方公里。牡丹江市地处黑龙江省东南部，东部与俄罗斯接壤，南与吉林省襟带相连，全市地形地貌除东部为平原外，其余全部属于山区，境内山岭耸峙，低丘连绵，又有众多河谷川地错综其间。西部牡丹江左侧为长白山余脉张广才岭，南及东南部为老爷岭及其分支太平岭，北部是介于长白山脉与小兴安岭之间的完达山。此外还有太平岭、老松岭、大锅盔、老秃顶等险山峻谷，总的地势是西南部高，东北部低。市域江河纵横，湖沼遍布，牡丹江、穆棱河、绥芬河三大水系，大小河流6677条遍布全市。火山堰塞的镜泊湖和浩瀚如海的兴凯湖镶嵌东西，全市湖泊、泡沼总计达到823处。这里气候温和，雨量充沛，森林茂密，资源丰富，是黑龙江省最富饶美丽的地区之一。旧石器时代的古人类遗存，位于海林市的杨林西山文化遗址表明，大约一万五千年到两万年左右就有先人劳动生息在牡丹江地区的江河湖畔和深山密林中，创造了灿烂的文化。

在华夏民族源远流长的历史长河之中，每个朝代对牡丹江流域古代先民的称呼都是各异的，比如说在遥远的夏朝，及后来的商周时期，称呼为肃慎，也被称为息慎以及稷慎。而魏晋、南北朝时，牡丹江流域古代先民又被称为挹娄与勿吉。到隋唐时，则称之为靺鞨，共有白山部、黑水部、号室部、拂涅部、安车骨部、伯咄部以及粟末靺鞨部等七个部落，其中黑水部最为骁勇善战，是上古时期肃慎部的后裔。拂涅部和号室部居住在今牡丹江地区。到五代十国时，牡丹江流域古代先民又被改称为女真。直到皇太极建立清朝之后，才将女真改为“满洲”，自此之后，牡丹江流域古代先民则被人统称为“满族”，这一称呼延续至今。

近代以来，牡丹江地区由于受到清政府长期封禁的影响，人口稀少，边防薄弱，沙俄不断侵袭。在吴大澂的努力下，牡丹江地区得到解禁，大量关内人口来到牡丹江屯垦。随着中东铁路的修建，牡丹江地区经济得到了快速发展，牡丹江也因此由地图上的“黄花甸子”逐渐具备了城市的雏形。1919 年日本开始以保护中东铁路为名，驻扎在牡丹江的横道河子等地，1933 年占领牡丹江全境，直到 1945 年由苏军从牡丹江押来的日军军官向东宁要塞的日军宣读了天皇的投降诏书，日军出塞投降，宣告了第二次世界大战最后一战的结束。牡丹江人民在二十多年的抗日斗争中涌现出了王德林、李延禄、陈翰章、周保中等抗日英雄和抗日队伍。抗日胜利后，牡丹江作为最早解放的城市，一方面取得了平叛剿匪的彻底胜利，另一方面为全国的解放，提供了经济和人力的支持。

新中国成立后，文物考古工作者在牡丹江市域内做了大量的考古调查、发掘和综合研究工作。目前已发现各类文化遗存 480 余处。其中有各时代的遗址 335 处，古城址 50 余处，古墓葬 40 余处（640 余座），以及古建筑、烽火台、古生物化石等其他遗存 55 处。全市共发现文物遗存 2208 处，其中国家级文物保护单位 8 处，省级文物保护单位 24 处。非物质文化遗产名录共计 8 类 134 项，其中国家级 2 项，省级 53 项。通过研究以上历史遗址遗迹和历史建筑设施，以及历史文化旅游商品历史文化人文活动能让我们清楚地了解牡丹江孕育的悠久历史文明。

2.1 古代牡丹江地区历史文化

距今一万五千年前，原始人类已经在牡丹江流域劳动生息。海林市海浪河流域的杨林西山、杨林南山、双峰、大龙头山、小龙头山、炮台山、满城南山和宁安市的湖沿遗址等几处遗址是牡丹江市最早的旧石器文化遗址，它们见证了万年之前，在少量乔木和灌木的疏林草原上，由干冷逐渐转为温暖湿润的气候下，定居生存的原始先民们采集渔猎和繁衍生息，是牡丹江市最早的人类足迹。

牡丹江发现的新石器时代遗址距今约6000~2000年，新石器时代遗址在牡丹江市大量存在，石斧、石镞、陶网坠、夹砂陶罐等生活用品在山河附近比较常见，有确切名称的新石器时代遗址共20余处，牡丹江市区温春镇敖东崴子遗址、北安乡新丰遗址、桦林镇桦林遗址、龙头山遗址等四处；绥芬河市有北寒乡建新村建新沟遗址；海林市有三道乡振兴西遗址、二道镇王兰沟遗址、旧街乡杨林遗址、二道镇老道庙遗址、群力岩画等五处；宁安市有莺歌岭遗址、白灰厂遗址、湖南遗址、珍珠门遗址等四处；东宁市有团结村大杏树遗址；穆棱市有福禄乡光明遗址、兴源镇粮台山遗址、兴源镇西崴子遗址、穆棱镇东山遗址等四处；林口县有三道通乡大屯陶沟子遗址。牡丹江市所处的牡丹江中游属于新开流文化类型地域范围，新石器时代氏族生活以捕鱼为主，兼有狩猎和采集。从出土陶器、骨雕和鱼雕来看，当时人们已经有了图腾崇拜和祖先崇拜。

由于现代智人迁徙路径、牡丹江市所处地理位置和自然环境等因素影响，两汉三国时期，牡丹江地区仍处于新石器时代原始社会。直到唐朝时出现了地方政权渤海国，牡丹江地区才在渤海国统治的二百多年间，快速地完成了由原始社会经短暂的奴隶社会，向封建社会过渡。辽金时期女真人建立的政权金，虽然持续的时间不算长，但是继承了女真文化核心，并更具创新性的满洲人建立的清朝，展示了巨大的动能。牡丹江和牡丹江地区始终是女真和满洲王朝建立者的故乡。

2.1.1 肃慎、挹娄文化

肃慎在全国范围来说，也是著名的古老民族。肃慎人在《竹书纪年》《五帝纪》《山海经》《左传》《国语》《周纪》等史籍中均有记载，是我国东北著名部族之一。《左传》中记载“肃慎……吾北土也。”远古时代起，肃慎人以东北方的部族的身份与中原地区的部族集团和王朝有了交往，是较早同中原王朝发生朝贡关系的古代少数民族。虞舜、夏（禹）、成（汤）、周（昌）时期，肃慎与中原关系一直很密切。从传说的舜、禹时代到有文字记载的商周时代，东北地区肃慎始终臣服于中原政权并持续朝贡。

《三国志》载：“景初中，大兴师旅，诛（公孙）渊，又潜军浮海，收乐浪、带方之郡，而后海表谧然，东夷屈服。其后高句丽皆叛，又遣偏师致讨，穷追极远，逾乌丸、骨都，过沃沮，践肃慎之庭，东临大海。”此说明肃慎在沃沮之北。《新唐书·北狄列传》说：渤海“以肃慎故地为上京，曰龙泉府”。同书《地理志》录贾耽《入四夷道里记》称，渤海王城“临忽汗海，其西南三十里有古肃慎城”。忽汗海即牡丹江。综合以上考述，牡丹江市所处牡丹江中游及其以北的广大地区即是肃慎的地理分布，与中原频频发生联系的肃慎族，是牡丹江市的先民，这在考古学上亦得相应之印证。目前已发现的最具代表性的肃慎遗址是位于宁安市的镜泊湖南湖头莺歌岭遗址，上层的时间与西周相当，下层时间在三千年以前，根据出土文物和遗存情况，与文献描述相符，此遗址是肃慎人定居的场所。宁安牛场、大牡丹遗址与莺歌岭遗址属于同种类型。莺歌岭文化与北沃沮文化存在部分相似性，宁安的东康遗址、东宁的团结遗址较莺歌岭文化稍晚，被推定为汉代的北沃沮文化，这一说法影响莺歌岭文化的现有定性，目前尚存在争议，本文不展开讨论。汉代的团结遗址出土的铁器证明，此时牡丹江地区已进入引进铁器时代的早期。

与肃慎相提并论的是“楛矢石砮”，从商周至隋唐，肃慎在一千多年间以擅长制造和使用弓矢而闻名，直到隋朝时的肃慎后裔靺鞨的拂涅部以东地区仍是“矢皆石镞”，肃慎自“武王克商”至南北朝，一直向中原王朝进贡“楛矢石砮”，鲜有中断，“楛矢石砮”与肃慎几乎成了同义词。在冷兵器时代，长弓利剑是很重要的武器，也是很珍贵的礼物，连续上千年进贡“楛矢石砮”，表明了当时牡丹江地区与中原的附属关系，也反映出当时狩猎一直在牡丹江地区的生产生活中居于重要地位。关于“楛矢石砮”的具体指代，学界仍有争议。本文认为“楛矢”是指桦木制成的箭杆，“石砮”是指矽化木、黑曜石和变质岩做成的石镞。查看胡增益先生的《新满汉大字典》可知，满文“xajilan i sirdan”解释为“楛矢，桦木箭”，结合桦木木质较直的特性，“楛”解释为桦木较为合理。

《后汉书·东夷传·挹娄》载：“挹娄，古肃慎之国也。”挹娄是汉至晋时期肃慎的接续者，挹娄与肃慎的分布范围大体相当，牡丹江地区仍是挹娄人的主要分布地。《通典》载“古之肃慎，宜即魏时挹娄”。上文提到的宁安东康遗址，朱国忱、张泰湘在《东康原始遗址社会遗址发掘报告》中提出此遗址可能与汉晋时期的挹娄有关，而不是与沃沮文化有关。宁安地区分布的牛场、大牡丹、东康、东升、共荣、渡口、渤海砖厂、丰收、牡丹江市郊龙头山、海浪河流域等地的遗址大多数与挹娄同时期。挹娄的经济生活是原始农业、畜牧和狩猎同时并存的。养猪多，吃猪肉，穿猪皮，将猪油涂在身上以御寒，在死者棺木上放猪，作为死者的食物。铁器已经出现，人们开始捕貂等皮毛动物，用以御寒。居所与肃慎相同，仍然是半穴居状态，只是穴居较肃慎人更大，且有了大小的差别。

关于挹娄与肃慎的关系，史学家有不同看法。战国以后，只见挹娄而不见肃慎，直至魏晋时，肃慎又向中原朝贡。一说当时肃慎为挹娄所阻隔，不得来朝，其名遂隐；一说挹娄即肃慎之改称，故两名互见，非于挹娄之外，又别有一肃慎。无论哪种观点成立，牡丹江地区都是肃慎和挹娄的重要活动地。魏明帝青龙四年，肃慎国不仅献楛矢石砮，而且献貂皮四百张，还有铜镞、铁铠等军用物品，说明牡丹江地区已经进入铜、铁和石器并用的时代。

2.1.2 勿吉、靺鞨文化

北朝及隋唐的史书分别以“勿吉”和“靺鞨”称呼肃慎、挹娄的后人。勿吉是满语森林的意思。《魏书·勿吉传》称勿吉为“旧肃慎国也”，《史记正义》因《括地志》说：“靺鞨古肃慎也……其国内有白山”，由此可知，勿吉、靺鞨都与肃慎有关系。通过《北史·勿吉传》与《隋书·靺鞨传》所列靺鞨七部相同可知，勿吉与靺鞨是一个部落不同的称呼，南北朝时称勿吉，隋唐时称靺鞨。

北朝至隋唐时期，在社会经济方面有偶耕农业，农作物有粟、麦、葵等，有盐池，还能酿酒，当时农业已有了相当的发展。畜牧业方面仍然多猪，能“捕貂”，有马但不是用来骑的。《旧唐书·北狄传》记载靺鞨人：“死者杀所乘以祭”是满族家族用马祭祀的最早雏形。在宁安市东园子、觉罗城、下马河遗址发现的勿吉城堡仍是“穴居”。勿吉人在服饰上“妇人穿布裙，男子猪犬皮裘”，“头插虎豹尾”，已经有了审美，冬季生活仍然艰难，农业有所发展的同时，狩猎仍是人们的主要生活内容。

隋唐之际，靺鞨诸部在向阶级社会过渡。唐至五代，靺鞨族的粟末部首领大祚荣联合一部分高句丽遗民于 698 年自立为王，一手创建了渤海政权。唐朝开元元年，唐中宗为了解决边境之忧，派遣鸿胪卿崔忻与侍御史张行岌不远跋涉千里对震国进行招抚，大祚荣被封为渤海郡王，自此渤海国成为依附于唐朝的边陲属地。大钦茂在位期间，帮助唐朝平定了历史上著名的安史之乱，也由此获封渤海国王。755 年，渤海王大钦茂率众将国都迁至上京，即今宁安市渤海镇的“上京龙泉府”。渤海时期的古城址、古墓葬、古遗址在全市地域均有分布，尤以牡丹江中游沿岸更为密集。渤海国 926 年灭亡，传国 15 世，存 229 年，以上京龙泉府为都 160 多年。在上京龙泉府定都的 160 余年间，渤海国的封建制度得到确立和发展，输入了唐王朝的封建政治、经济制度、生产技术和文化，加快了渤海国的封建化进程。

从遗址发掘和遗存来看，渤海上京城有外城、内城、宫城三个组成部分，并有渤海王室游乐区内苑、和干苑，陵墓三陵王陵区，古墓葬群虹鳟鱼场墓地，佛教寺庙兴隆寺。从渤海国完全仿照唐都城建设的上京龙泉府遗址留存的地基可以看出渤海国上京城当时的恢宏，墓群壁画、金佛、佛前供具石灯幢、散落多地排列整齐的二十四块石都向人们证明了海东盛国的辉煌。兴隆寺内大石佛、石灯幢、舍利函都显示了渤海国时期精湛的石刻技术和高度发展的文明。市域内广泛分布的具有典型靺鞨风格的“复唇罐”，琉璃瓦、文字瓦、莲花瓦当、现存诗歌、石刻等都是渤海国创造的牡丹江第一个域内文化高峰，史称“海东文化”的集中反映。

契丹国打下渤海国后，耶律阿保机改渤海为东丹国。由于契丹国内部矛盾，也为了防止渤海国复国，东丹国组织渤海国移民全部南迁，并放火烧毁上京龙泉府。

2.1.3 女真文化

进入宋、辽、金时期，随着渤海故地的荒芜，居住在北方松花江沿岸的各部女真乘虚而入，居住在牡丹江区域的生女真部族见于史籍的主要有完颜部、蒲察部、乌林达部和乌古伦部。完颜部是生女真主要的部落之一，史称金始祖“居完颜仆干水之涯”（仆干水就是牡丹江）；蒲察部的一部分部落居住在今宁安、海林西部的山区；乌林答部，史载为“孩懒水乌林答部”（一说为延边地区海兰江），孩懒水即今海林境内的海浪河；乌古伦部史称“苏滨水乌古伦”，苏滨水即今东宁的绥芬河。另有坞塔、斡准、职德三个部落分布在东宁绥芬河的中上游地区，这些部落在辽代在渤海故地及率宾府一带在辽人的统治下，过着分散的部落生产生活。

大金帝国时期，牡丹江区域社会经济文化再度呈现出繁荣景象，金朝虽属于早期奴隶制政权，但迅速向完善的封建制转化和过渡。不仅大金始祖“居完颜仆干水之涯”活动在牡丹江一带，更有史书明确指出：“金朝起于宁古塔也”。昭祖在牡丹江区域崛起后统一女真各部。完颜阿骨打于1115年建立金国，牡丹江属上京辖属的胡里改路和恤品路。胡里改路治所在今依兰，今宁安、牡丹江、海林、林口等地归其统辖。恤品路又称速频，治所在双城子（现属俄罗斯），今东宁、绥芬河、穆棱归其统辖。路下属组织为“猛安”，千夫长，“谋克”是百夫长，三百人为一谋克，十谋克为一猛安。在宁安和海林都出土过“谋克”之印。金世宗时把速频、胡里改路的三猛安、二十四谋克迁到上京周围发展农业生产。由于各种铁制农具的广泛使用，牡丹江、绥芬河沿岸的冲积平原都得到开垦，粮食、蔬菜、瓜果的种植面积和产品都提到了新的高度。金代的农业经济，在牡丹江区域的历史上是一个空前繁荣时期。手工业生产特别是开矿冶铁与制造铁器达到历史上最高水准。

金代古城建筑颇具规模与气势。宁安境内有东营城子和西营城子，东营城子出土过“勾当公事之印”，此印是粮财官印。据《宁安县志》记载，宁安金代古城共有8处。海林境内有满城、萨尔虎、九公里、高力井古城。牡丹江市郊区有龙头山古州古城，还有号称“牡丹江长城”的边墙。林口境内沿牡丹江乌斯浑河共有6座。穆棱有小四方山城，东宁有葫罗卜崴子古城。林口三道通古城，是一座典型的大型古城，此城出土的文物表明，当时此地经济、军事、文化等方面相当发达。从牡丹江出土的金代官印可以看出牡丹江区域是金廷重点管理的地区之一。在牡丹江的海浪河流域，乌林答部落的萨尔虎城中出生的昭德皇后，用自己的勇敢智慧和重大牺牲，帮助完颜雍推翻了海陵王而当上了皇帝。

1215年，金国的辽东宣抚使蒲鲜万奴在蒙古军已占金中部地区的形势下，自称天王，国号大真，改元天泰。史称东夏国，拥兵10万余众。1217年4月沿鸭绿江东进，达延边一带，在镜泊湖城子山古城建南京，曾进攻金上京，焚金宗庙。蒙古军忙于西征南侵，无暇东顾。东夏国乘机尽占东北女真故地，其核心地区在牡丹江、绥芬河、图们江一带。1233年蒙古军占领南京（城子山山城），擒蒲鲜万奴，进而挥师东夏国的北京（开元，即东宁大城子古城）、绥芬河，东夏国存在19年后便消亡了。元朝时期，牡丹江属胡里改军民万府辖。此间女真族的农业有所发展，手工业发展较大。但元朝时期，发生灾害闹饥荒的年很多，人口大量逃亡，社会经济的发展低于渤海和金代。

明朝时期，女真族共由三个部落构成，分别为野人、海西和建州。元朝被明灭国之后，建州部落的女真族人主要分布在长白山和牡丹江等地。1410年，由于种种因素的影响，当时建州部落的首领猛哥帖木耳率众举族南迁，最终定居于宁古塔；之后不久，女真族又在当今俄罗斯领域内的克拉斯诺雅尔山城定居，宁古塔地区在明朝属辖建州卫指挥使司，也是曾经渤海国的权利中心，对女真族意义非凡。也因此，史书将这一支女真人称之为“建州女真”。建州是唐代就有的名称，建州女真主要是指居住在牡丹江流域的女真人。明朝统管东北地区的奴儿干都司共设四百多个卫所。在牡丹江区域的卫所有：建州卫在绥芬河流域；麦兰河卫，又称穆伦河卫，位于穆棱河流域；阿速江卫在宁安；速平江卫在绥芬河流域；在宁古塔路共设48卫，其地即今牡丹江、宁安、海林区域。

在明朝后期，建州女真部落日渐强盛，族人骁勇善战，给明朝边境驻军带来了不小的压力。努尔哈赤因自身得天独厚的条件，率领部众统一了东海女真以及建州诸部，为后续建立大清王朝打下了坚实的基础。牡丹江—绥芬河流域是建州女真与清王朝皇族爱新觉罗氏的发祥地，深厚的女真基因为这一地区至今仍保留着全国仅存的满族家族祭祀传统提供了历史条件。建州女真渔猎、采集生活所需的海东青、北珠成为清朝重要的贡品。女真人仿契丹字和汉字偏旁制成女真文字虽然后来在满洲时期废弃，但满语百分之七十来自女真语，女真语通过满语得到传承，牡丹江地区发现的女真字碑成为破解当时历史的重要材料。长期白山黑水生活中生长出的基因，导致了清朝统治者时对宁古塔封禁、解禁的复杂反复的态度，酝酿了打牲文化、流人文化、深厚的满族民俗文化和闯关东文化。

2.1.4 满洲文化

1618年，努尔哈赤在赫图阿拉建立了奴隶主政权后金，建元天命。清朝皇太极即位后，1635年定族名为“满洲”，称为满洲族，简称满族，由此牡丹江流域的土著居民又称为满族。满洲之为族称是以建州、海西女真为主体，包括了大部分野人女真。汉族和蒙古族等其他民族也是构成满族的重要因素。满洲族称来源于隋朝时靺鞨有“巨帅曰大莫弗瞒咄”演变而来。“瞒咄”即为“满洲”的同音异译，系“最大首长”之称。满洲有“佛满洲”和“伊彻满洲”之分，佛满洲又有“贝国恩”即“户”，以及“布特哈”即“打牲”之分。伊彻满洲内又有库雅喇一种。佛满洲和伊彻满洲均为满族成员并编入八旗。八旗制度始建于努尔哈赤时期，是政治、军事、生产合一的组织，以牛录（箭）为基层单位，设牛录章京统辖，五个牛录为一甲喇，五甲喇为一固山（旗），设固山额真（主）统辖。编入八旗的民人，“出则为兵，入则为民”。未编入八旗的则编为户籍，以村屯为单位，各村屯“有警则声气相通，安常则渔猎得所”。

清在宁古塔设将军，驻地宁古塔由昂邦章京吴巴哈巴图鲁（吴巴海）1636年监造。大清王朝建立以后，宁古塔逐渐成为库页岛、乌苏里江以及牡丹江流域的文化中心、政治中心以及军事重镇。但宁古塔地处边疆，驻防空虚，沙俄连年来犯，1652年开始出现军民联合抗俄的新局面。此年乌扎拉村战斗失利，宁古塔梅勒章京海色被清廷处死，沙尔虎达驻防宁古塔城。1653年沙尔虎达晋升为宁古塔昂邦章京（将军、都统、一品），他以宁古塔为大本营，反击沙俄入侵。1659年清军摧毁俄军据点库玛拉堡寨，沙尔虎达病逝于宁古塔城，其子巴海袭任宁古塔昂邦章京，继续肃清残敌。1660年秋，巴海率军在古法坛村包围来犯之敌，击翻敌船，斩杀俄军60余人，淹死不少，史称古法坛大捷。1664年沙俄再犯黑厅部，巴海巧利风雪天气，突袭成功，在黑喇苏密大破入侵者。至此，黑龙江中下游的侵略军已全部肃清，取得反击沙俄侵略的阶段性胜利。

1666年，为反击沙俄入侵，康熙决定将海浪河畔的宁古塔将军治所迁往距旧城50里的宁古塔新城。巴海将军亲率军民在今宁安城址建新城，当年迁入，旧城遂废，人称旧城或旧街。之后于1676年宁古塔将军衙门移至今吉林市，于1678年在宁古塔正式建立副都统衙门以治其地。由于宁古塔城边远和“遐荒”，成为清王朝流放犯人的重地。

1655年至18世纪初叶，宁古塔共接收各种流犯近千户，其中知名的流犯有记载的122人，另有子弟及有关人士16人。这些流犯史称“流人”。他们当中有朝廷命官，有名士才子，有的是中原及江南一带汉文化精英和巨擘。他们虽系遣犯流人，劳作终日，生活极端困苦，但不少杰出人士自强不息，在艰难的条件下开展了诸多文化活动，创造了许多牡丹江区域文化发展的历史之最。他们积极传播汉文化知识，结社赋诗，使牡丹江区域出现了历史上第一个诗社和文化团体“七子之会”，留下了以《秋笳集》《白云集》等为代表的诸多诗集，张缙彦的《域外集》等散文集；他们著书立说，留下了关于宁古塔地方志的最早的专著，有方拱乾的《绝域纪略》、张缙彦的《宁古塔山水记》、吴振臣的《宁古塔纪略》、杨宾的《柳边纪略》等；他们访古记史，传播科学技术，教人建屋造桥、加工特产品及选育良种，给人治病传授中草药知识。如此等等，从而赢得了人们的支持和爱戴，促进了民族间的融洽，推进了文化习俗和经济贸易的发展，形成了极富地方特点的宁古塔文化高峰。

随着宁古塔的崛起和大量流人的流入，宁古塔的社会经济也迅速发展起来。农业、畜牧有明显发展，品种增多，产量提高，特别是蔬菜品种和品质大为提高。家畜、家禽也有较大发展。瓜果、花卉更加异彩纷呈。此时的土地制度主要有三种形式：一是官田，它是清王朝直领土地，其中分为兵官庄和旗官庄两种经营形式，用以解决官饷经费与军粮，宁古塔有 32 官庄；二是旗田，是清政府圈给八旗官员和兵丁的份地，不纳赋税，只负担本旗的兵饷是民田，是属于个人的土地，开始极少，后来逐渐增多，即所谓的“陈民老地”，又叫“升科地”，缴纳赋税，允许买卖，可以雇工、租佃等。传统的渔猎采集也随着社会的安定有所发展，特别是农副产品加工业、手工业，如酿酒、制油、编席、织布等都有较大程度的发展。交通路线都有陆路或水路相通从而促进了贸易的兴隆，不单宁古塔新城江岸夏秋之季货船云集，商贾不绝，而且在东西门外店铺林立，计有 32 家，其中流人经营 22 家。同时农村进城的小商小贩也络绎不绝。诗人当时描绘“居然有华夏风景”。

宁古塔发展教育更是先人一步，不仅自流人来后私人开馆授徒者日众，而且随着社会发展的需要，在 1616 年秉承康熙帝旨意设立满洲学房，又称“龙城书院”，这是清代在官办教育的首创。46 年之后在 1723 年，又设立满洲官学，招收学员 36 名。宗教方面，佛、道都有传播，在新城内至 1689 年杨宾来时已有寺庙 7 所。传统的萨满教依然有广泛的基础。质朴勤劳的民风曾引起流人吴振臣的赞叹：“彬彬乎冰山雪窖之乡，翻成说礼敦诗之国矣”。这种较快发展的局面，在后来的“封禁”政策的禁锢下，受到了极大的影响，使得清朝中期的牡丹江陷入停滞不前的状态之中。清政府为了保卫边塞建立了每年及每三年一次的严格巡边制度。自中俄《尼布楚条约》于 1689 年签订之后，直至 1857 年长达 170 年的时间，东北边塞基本是平静的。

牡丹江市域是满族的故乡，清代宁古塔地区的开发主要由满族、汉族来完成，稻米种植主要依靠朝鲜族人。牡丹江市由于拥有深厚的满族历史文化积淀、所处位置相对独立，远离中原文化和多灾多难的清朝中俄边境，佛满洲和伊彻满洲家族后人如今遍布宁安市和海林市，每至冬季家族祭祀接连不断，家族旗属、家族传说、满族萨满祭祀信息、迁徙路线等信息保存完整。长期作为边疆重镇，大量流徙之人到这里接受宁古塔将军编入丁勾、官庄，屯垦戍边，宁古塔旧城和新城文化遗存多，人物和事件多。

2.2 近代牡丹江地区历史文化

在 1840 年鸦片战争之后，沙俄和日本不断侵略东北。1880 年以后，清廷将边境防务及屯垦事宜统交吴大澂主持和督办。在吴大澂的奏请下，1881 年清政府实行“移民实边，试办屯田”的政策，开放了宁古塔管辖下的铁岭河。吴大澂在东宁和穆棱境内成立三岔口招垦总局、穆棱招垦局、蜂蜜山招垦局和呢玛河招垦局，并修筑宁古塔至依兰、珲春、三岔口等地的交通干线，建立汉文学馆，大大促进了牡丹江地域的经济发展，为牡丹江城市的兴起提供了条件。1896 年沙俄取得修筑铁路特权，1900 年 7 月至 8 月，俄军与宁古塔副都统双龄率领的守城军民在铁岭河激战，伤亡惨重。

1903 年中东铁路（东清铁路）全线通车，牡丹江车站的设立成为牡丹江市崛起的基础。1904 年清政府对牡丹江流域全面解禁，大批汉族进入这一地区，推动了牡丹江城镇的发展。1900 年开始，海林、东宁、宁安等地开始大面积种植水稻，现代工业开始兴起，1905 年横道河子建酒庄、1906 年海林建面粉厂、1910 年穆棱设邮电局，1913 年绥芬河建东方啤酒厂，横道河子、海林、穆棱、绥芬河等成为牡丹江地区这片古老大地上的首批社会经济文化现代化的新城镇。

20 世纪初，今天的牡丹江市区还是一片人烟稀少、土地荒芜的地方，因有大片黄花生长于草地上，地图上标载着“黄花甸子”。仅有的四五户人家分散居住在现在的东三条路和天桥北一带，属宁安第五区管辖，区政府设在乜河即今牡丹江市兴隆镇境内。1903 年中东铁路通车后，在牡丹江岸边设火车站，站址在今文化广场，因南临牡丹江，便命名为牡丹江站。铁路通车后，从宁古塔、乜河等地陆续迁来了一些商贾富户。他们在牡丹江火车站旁盖了一些房屋，并开辟了牡丹江站的第一条街道，街两旁有十几家店铺。随着过往旅客的增多，这里逐渐繁华起来，店铺作坊逐渐增多扩大，生意兴隆，人称之为兴隆街。后来，由于国内外贸易的不断扩大，清政府封禁政策的取消，市内人口不断增加，粮栈的粮豆堆积如山，沿江的原木连成一片，随之而来的粮油加工工业和木材加工工业出现并发展，使得牡丹江站迅速发展，成为中东铁路滨绥线上一个重要的地方。

日本帝国主义，在俄国十月革命后加快了对牡丹江侵略的步伐。1919 年日本兵 21 人以护路为名进驻横道河子、穆棱、绥芬河等地，并在东宁抓捕我国居民 300 人，并在海林西部举行军事演习。出身于宁安县（现宁安市）的中国共产党人马骏在宁安县群众和学生中宣传马列主义，启发教育群众，从 1922 年到 1924 年，马骏领导了牡丹江、乜河镇、宁安等地的革命斗争。1925 年以后，牡丹江各地普遍有了共产党党员的活动。“九·一八事变”后，中共党员李延青在横道河子一带组织起一支铁路工人抗日游击队，牡丹江到处燃起抗日救国的烈火。1933 年春，日军占领牡丹江一带各城镇，牡丹江成为日本帝国主义的殖民地。1943 年 10 月，日本法西斯在“牡丹江思想矫正院”一次就屠杀 70 多名中国人；在“龙爪惨案”中一次枪杀中国伐木工人 200 多人，东宁“庙沟惨案”日军把几千名中国劳工赶入“地下工程”的巷道里，用砂石、泥土封挡住巷口，逃出的仅几十人。

1896 年，林口的黑背、东宁的万鹿沟、凉水泉子已经开金矿。日本帝国主义从 1937 年至 1941 年的五年中，就掠走黄金 34400 多两。从 1938 年至 1940 年三年间，在东宁掠走煤炭 15 万吨。牡丹江沦陷时期，日本仅从海林黑牛背这一条沟就掠走木材 240 万立方米、木炭 120 多万袋，使密林成了秃岭。

在海林、林口的日本细菌部队，用中国人试验细菌武器，并用生化武器屠杀中国人民。日本法西斯为虐牡丹江十四年，罪行累累，铁证如山，惨绝人寰，罄竹难书，面对日本法西斯统治，牡丹江爱国军民始终坚持斗争，从未屈服。中国共产党一直领导了人民的抗日斗争。周保中建立了党直接领导的抗日同盟军，在宁安八道河子建立起根据地，在多处建立起抗日密营。

宁安风水山伏击战、石门子战斗、东宁长沟子袭击战、头道沟诱敌战、穆棱老黑山痛打靖安军，三道河子伏击日本军用列车等战斗取得了一定的胜利。反日联合军改为东北抗日联军（简称抗联）后活动范围向北转移，牡丹江抗日军民坚持打击日伪军。宁安的莲花泡战斗、穆棱苇子沟大战讨伐队、413 公里截击日本军列、东宁33 枪沟口袋战、海林三道河子李文彬起义参加抗联五军等，都给日伪以沉重打击。日本侵略者为加强反动统治，于 1937 年 6 月 27 日新设牡丹江省，12 月 1 日又成立牡丹江公署。1938 年，抗日名将陈翰章部在杨木背子歼敌 400 多人，并同侯国忠部联合，在北湖头全歼日军守备部队，袭击了正在修建的镜泊湖水电站。在乌斯浑河边，冷云等八位女英雄主动掩护部队突围，弹尽之后投江壮烈牺牲。还有一些英烈为抗日献出了宝贵生命。

1945 年 8 月初，牡丹江人民以战斗迎接日本帝国主义的灭亡。8 月 8 日苏联对日宣战，苏联红军越过边境线长驱直入，8 月 14 日进入牡丹江市境。日军逼迫中国劳工修筑的东宁要塞成了第二次世界大战最后战场。1945 年 8 月 9 日零时，苏军在大炮、坦克和飞机的支持下，分三路对要塞发动了进攻。激战 7 天后，要塞被突破，部分日军向吉林方向溃逃，其余仍进行顽抗。战斗打到 8 月 28 日，由苏军从牡丹江押来的日军军官向要塞日军宣读了天皇的投降诏书和向苏军交出武器的命令后，日军结束抵抗，出塞投降，宣告了第二次世界大战最后一战的结束。

1946 年 2 月，牡丹江临时参议会，通过了由张闻天主持起草的《牡丹江市施政纲要》，从政治、军事、经济、文化教育、民族关系、对外关系等诸方面做了具体规定。它对新生的人民政权在执政方面有重要的指导意义。牡丹江宁安地区的土改经验由延安新华社向全国解放区推广。来自延安的文艺工作者和牡丹江艺人同台演出了现代京剧《白毛女》，牡丹江成为全国最早上演现代京剧的城市之一。参加过延安文艺座谈会并受到毛泽东接见的作家草明，以镜泊湖发电厂工人生活为原型创作的《原动力》，是中国文学史上第一部以解放了的工人阶级为主人公的小说，在中国现代文学史上有着重要地位。

3 牡丹江市区历史文化旅游资源

牡丹江市区下辖东安区、西安区、爱民区、阳明区，总面积约2600平方千米，人口近百万。牡丹江市的建城历史约有近600年时间。

3.1 牡丹江市区历史遗址遗迹

3.1.1 史前人类活动场所

大约6000年前，牡丹江市区范围就有人类活动的痕迹，这里主要是满族祖先发祥地。牡丹江市西郊龙头山遗址出土的镞、刮削器、石核等压制石器和夹砂陶上的指甲纹、篦纹，具备新石器时代新开流文化因素。经碳14测定，龙头山遗址距今约一千九百八十余年，时间上远远晚于新开流文化，当时中原已经是西汉末年，进入了封建社会，而牡丹江地区还处于原始社会晚期。新开流文化类型的分布范围与后来肃慎族的居住地相应，考古与历史学家干志耿、孙秀仁先生认为新开流文化类型的居民很可能是肃慎族的先世。据考证的市区范围史前人类活动场所为满族祖先肃慎人的遗址，但仅以文物散落地的形式存在。

在今牡丹江市郊存有敖东崴子遗址、新丰遗址、桦林遗址三处肃慎的半地穴式居住地。但都没有进行系统的挖掘，文献资料较少，三处遗址的实物存留可见一些散落的文物碎片。三处遗址的位置信息如下。

3.1.1.1 敖东崴子遗址

敖东崴子遗址位于牡丹江市西安区温春镇敖东崴子村西约1.5km的牡丹江右岸台地上。经考古调研过程采集到的文物标本有：

打制的石铲 6 件、石网坠 2 件；手制的夹砂褐、红褐、黑褐色陶器残片等 61 件。

其中，陶器制作精美细致，陶器上的装饰纹饰种类丰富，有波浪纹、绳纹、锯齿纹、指甲纹、梳齿纹、链条纹、篦点纹、人字纹、菱形戳刺纹以及附加堆纹等。

3.1.1.2 新丰遗址

新丰遗址位于牡丹江市爱民区北安乡新丰村东北部小河左岸坡地。经考古调研过程采集到的文物标本有：磨制的石斧、石刀、石磨棒、打制刃部后又经人工磨制的石镰；陶器有手制夹砂陶，上面的装饰纹饰有划纹和锯齿形堆纹等。

3.1.1.3 桦林遗址

桦林遗址位于牡丹江市阳明区桦林镇东北约 1.5 千米的牡丹江右岸台地上。经考古调研过程采集到的文物标本有：打制的石铲、石镐、石斧；磨制的石斧、石刀、石镰、石磨盘、石磨棒等；陶片有手制褐、红褐、黑褐色的夹砂陶等。

据考古推论，桦林遗址北部为新石器时代晚期遗存，南部相当于渤海时期的文化遗存。

3.1.2 社会经济文化活动遗址遗迹

3.1.2.1 军事遗址与古战场——东村乡玄武河抗联哨所遗址

玄武河抗联哨所遗址位于市郊牡丹江市东安区东村乡迎门山村，玄武河中游东部约 2 千米的山梁上。

该抗联哨所隐蔽在密林深处，实物遗存中现仅有一座房屋的残留墙基，大约长 6 米、宽 4.6 米，从材质上看是由玄武岩石块砌筑而成。

根据当年给抗联部队送粮、送药老人刘启仁回忆，这处哨所属于当年东北抗联四军一团四连所有，也是当年抗联活动的前哨阵地。

3.1.2.2 交通遗迹

A 乜河驿站

驿站是古代供传公文和军事情报的人或来往官员途中食宿、换马的场所。

清代在今黑龙江省牡丹江市海林境内设宁古塔，是中国清代统治东北边疆地区的重镇，也是清政府统辖黑龙江，吉林广大地区的军事、政治和经济中心。为清代吉林三边之首（宁古塔、三姓、珲春）。清代为保证宁古塔与盛京（沈阳）的交通联系，建设了诸多驿路驿站。

自清光绪七年（1881年）开始，为加强北部边疆情报往来先后建设了以宁古塔为中心的四条驿路。其中三条皆是由宁古塔向北而行，经由“兴额里温车和恩阿林”（现今牡丹江市温春镇）而至乜河，乜河也因此留下了清代的驿站遗迹。

此外，乜河驿站也是当时宁古塔三姓（现今宁安市依兰县）驿路上的九个驿站之一，也称掖河站（乜河），其余八站分别为帮头岔站、沙河子站、细鳞河站、三道河站、莲花泡站、小巴彦苏苏站、乌斯浑站、太平庄站，然后到达三姓城（依兰县）。

B 1903年牡丹江火车站

这是牡丹江的第一个火车站，原址位于现今牡丹江文化宫，是沙俄在建设中东铁路时修建的。

清朝末年政府软弱，沙皇俄国趁机侵略中国，称霸远东，并攫取我国东北的丰富资源，为掠夺资源的运输需要，沙皇在东北三省修建了“大清东省铁路”，当时也称“东清铁路”、“东省铁路”。时为1912年的中华民国临时政府时期，将“大清东省铁路”改为“中国东北铁路”，简称“中东铁路”。

1901年起，沙皇俄国选址现在牡丹江市的文化宫位置建立火车站舍。当时因选址距离牡丹江很近，所以站以江命名称为牡丹江站。

1903年7月14日起，东清铁路全线正式通车，当时的牡丹江站也开始正式售票营业。而当时铁路的经营管理权都由沙俄政府控制，成为沙皇掠夺我国东北三省自然资源的重要工具。

C 1934 年牡丹江站

这是牡丹江的第二个火车站，又称宁北站，原址位于现在牡丹江高铁站的位置。

如果说第一个火车站是沙皇俄国侵略中国的历史见证遗迹，那这第二个火车站就是日本帝国主义侵略我国的又一个历史见证遗迹。“九·一八事变”之后，日本帝国主义侵略军于 1932 年 5 月占领了沙皇俄国建设的牡丹江站，为满足更大的侵略和掠夺需要，日本帝国主义又开始修建牡丹江至图们和佳木斯的铁路，并于 1934 年 12 月在现在牡丹江高铁站的位置设立了宁北站，以期打通自中国东北经由朝鲜到达日本本土的最短掠夺资源路径。

1935 年 3 月 23 日，苏联政府以 1.7 亿日元把中东铁路出售给日本侵略军，从此牡丹江铁路和第一个牡丹江站完全控制在了日本侵略军手中；1935 年 7 月日本侵略军把宁北站改称为牡丹江北站，而沙皇俄国建设的原牡丹江站改称牡丹江南站；并于 1936 年 10 月成立了满铁铁道总局，下设牡丹江铁道局。

1937 年 6 月，伪满牡丹江铁道局废弃了牡丹江南站，将南北两个火车站共同合并为牡丹江站。1937 年 10 月，日伪满铁道总局又以文化侵略的目的同化火车站名称，将“牡丹江站”更名为“牡丹江驿”，使用与日本国内同样的火车站名称。直至 1945 年 8 月 15 日，日本侵略军战败投降，伪满牡丹江铁道局解体，牡丹江驿才又改为牡丹江站。

3.1.2.3 废弃寺庙

乜河娘娘庙，也称天仙宫，位于牡丹江市东安区兴隆镇下乜河村西北角。乜河始建于清康熙三十一年（1692 年）历史悠久，原是我国北部边疆一个著名的道教宫观。

该庙中供奉道教的女神信仰碧霞元君，其全称为“东岳泰山天仙玉女碧霞元君”，她的道场在东岳泰山，所以俗称泰山圣母、泰山娘娘、泰山老母、万山奶奶等。道教的文化中认为碧霞元君能“庇佑众生，灵应九州，照察人间善恶”，是道教中的重要女神，也是中国历史上北部地区影响最大的女神，与南部地区广泛信仰的“妈祖娘娘”有“北元君，南妈祖”之称。

乜河娘娘庙在民国时期与东北沦陷时期均曾有修补，解放后曾做过小学校址，在“文化大革命”时被彻底毁坏。2009 年经政府批准，乜河娘娘庙重建于牡丹江南岸大湾近郊旅游度假区。

3.1.2.4 长城遗迹——牡丹江边墙

牡丹江边墙属防御型城墙，位于牡丹江市郊的东北部和北部山区，呈东南、西北走向。东端起自北安乡江西村，沿山体走势向西延伸，经过新丰村、桦树排子、三道关的蛤蟆塘河谷、大王砬子东部山峰、二人石南岭，止于半拉窝集西大砬子北坡，全长共约58km。共分为三段，分别是牡丹江段、镜泊湖段和江东段。

牡丹江边墙为类长城型防御设施，墙体依山取势而建，材料均是就地取土、采石，东西两端多为土墙，中部多为石墙，边墙高度0.5~3m 不等，主墙体设有雉堞和箭孔，墙体内侧有居住坑和蓄水池等。

目前边墙附近尚未发现可供确凿断代的实物依据，但可以肯定边墙是属于长城性质的军事防御，通过查阅史料可以了解到，牡丹江流域自古以来便盘踞着多方势力，如东夏国、东丹国以及渤海国等。三世王大钦茂受唐朝影响甚深，因屡次立功所以受封渤海王，渤海王在当时的政治背景下，虽然开创了“文治”时代，但游牧民族骁勇善战，为了扩充地盘，与之毗邻的新罗与黑水靺鞨仍会不时的发动战争，这也是渤海国在当时的政治背景下面临的主要威胁。经考古论证，牡丹江边墙初期建设者及目的是粟末靺鞨为防御东北的黑水靺鞨进犯而逐步修建。经历史发展，在金代末期建立的东夏国，也曾经为防止当时的蒙古军队进犯而沿用。墙除部分段落遭道路截断外，墙体很少有明显的人为破坏迹象，唯因年代久远已有多处坍塌。

3.1.3 其他遗址遗迹

除上述主要历史遗址遗迹之外，牡丹江市区还有诸多相关资源，虽然目前在文史资料和实物留存的调查方面还有欠缺，但相信在更多的研究深入开展之后，都会成为牡丹江历史文化旅游资源的亮点。见表 3-1。

表 3-1 牡丹江市区其他遗址遗迹

序号	名 称	时代	位 置
1	龙头山遗址	早期铁器	沿江乡小莫村北牡丹江与海浪河汇流处台地
2	丰收遗址	早期铁器	北安乡丰收村西南糖葫芦沟阳坡
3	党校沟遗址	早期铁器	北安乡丰收村东南山溪左岸坡地
4	熊场遗址	早期铁器	三道关乡二村河南岸台地
5	北沟遗址	早期铁器	三道关乡三岔河村北沟山坡地
6	三岔河遗址	早期铁器	三道关乡三岔河村东山坡边缘
7	黑瞎子沟遗址	早期铁器	桦林镇江东村黑瞎子沟口江左岸台地
8	蛤蟆塘遗址	早期铁器	三道关乡蛤蟆塘村东山溪两岸坡地
9	鸡场沟遗址	早期铁器	桦林镇临江村南鸡场沟山溪左岸坡地
10	渡口遗址	早期铁器	温春镇共荣村牡丹江渡口左岸台地
11	砖厂遗址	早期铁器	温春镇敖东大屯村东砖厂
12	敖东遗址	早期铁器	温春镇敖东大屯北牡丹江左岸台地
13	黑山遗址	早期铁器	温春镇黑山村西牡丹江左岸台地
14	小莫遗址	早期铁器	沿江乡小莫村东北牡丹江左岸台地
15	七趟房遗址	早期铁器	牡丹江市林机厂家属宿舍七趟房
16	五公里遗址	早期铁器	牡丹江市东北洋草沟河入江口两侧
17	卡路遗址	早期铁器	沿江乡卡路村西南海浪河左岸台地
18	敖东西沟遗址	早期铁器	温春镇敖东西沟水库一侧
19	江西遗址	早期铁器	北安乡江西村东牡丹江左岸台地
20	乜河遗址	渤海时期	东村乡桥头村东北山坡
21	东村遗址	渤海时期	东村乡东村北乜河左岸台地
22	牤牛河子遗址	渤海时期	东村乡牤牛河子村河左岸台地
23	莲花遗址	渤海时期	铁岭镇莲花村青梅河入江口右岸台地
24	长岭子遗址	渤海时期	铁岭镇长岭子村水库东侧坡地

续表 3-1

序号	名 称	时代	位 置
25	砬子沟遗址	渤海时期	铁岭镇东砬碰子沟山溪源头坡地
26	大青背遗址	渤海时期	铁岭镇大青背村东南青梅河左岸
27	南岔遗址	渤海时期	铁岭镇南岔村南山溪右岸台地
28	八达遗址	渤海时期	北安乡八大村北河左岸
29	卡路鱼池遗址	渤海时期	沿江乡卡路村东南鱼池北台地
30	龙头山古城	渤海时期	沿江乡小莫村北牡丹江与海浪河汇流处
31	海浪古城	渤海时期	沿江乡海浪村所在地
32	凤凰山古城	清代	沿江乡卡路村西北凤凰山东坡
33	夹芯子古城	渤海时期	东村林场夹芯子东山顶
34	南城子古城	渤海时期	林镇南城子村南部
35	四平山古城	渤海时期	四道林场南沟、四平山东南山梁
36	乜河古城	清代	兴隆镇乜河南岭东坡

3.2 牡丹江市区历史建筑与设施

3.2.1 历史人文旅游地（军事历史观光地）——老黑山碉堡

老黑山碉堡属于牡丹江市侵华日军工事的组成部分。老黑山部分的工事是由6座碉堡构成的军事碉堡群，位于牡丹江市西安区温春镇黑山村，在老黑山顶部依次排列，整体分布占地面积约有四万平方米。其中的1~5号碉堡随老黑山的山脉走势呈东北—西南分布，6号碉堡位于1号碉堡西北侧。6座碉堡之间的间隔平均约90米左右，但4~5号碉堡之间的间隔略远，大约为144米，6号与1号碉堡之间距离最远，间隔大约400米左右。

6座碉堡均为半地下式结构，采用钢筋混凝土制成。由上而下俯瞰，碉堡的平面形状为圆形，侧面平视的立面形状呈半圆形。碉堡内部地下深度约2米，地上高度为3.6米，碉堡的壁厚达1.43米，防御力极强。

老黑山侵华日军碉堡工事是整体东宁、绥芬河、虎林等边境要塞系统军事工事的梯次配置，也是侵华日军当年为防御苏联军队并谋划进攻苏联的战略工程子系统，更是侵华日军为防守牡丹江而设置的“铁岭河—牡丹江北山—老黑山”这一大三角形防御体系的一角。

老黑山碉堡是近代军事战争史中典型的阵地战战争遗迹，更是日本帝国主义侵略我国土地的重要历史实物证据。

3.2.2 单体历史文化活动场馆——八女投江纪念馆

牡丹江市八女投江纪念馆是黑龙江省东南部地区最大的革命英烈纪念馆，占地面积 2800 平方米，建筑面积 6800 平方米，建有四个展厅，主要承担着展陈、管理、维护以及接待参观、缅怀先烈等任务，是牡丹江市宣传革命烈士英雄事迹和进行革命传统教育、爱国主义教育的重要阵地。该馆自 2011 年面向社会开放以来，坚持“以烈士的精神，做烈士的事业”的工作理念，一方面做好陈列、展出、接待等管理服务工作，另一方面通过编撰、宣讲烈士事迹，开展系列活动大力传播弘扬烈士精神，使牡丹江市的烈士事迹家喻户晓、烈士精神广为弘扬，在全市形成了尊重革命历史、崇尚烈士精神的良好氛围。到目前为止，该馆共接待党和国家领导人以及社会各界群众近五十万人次，成为黑龙江省东南部重要的爱国主义教育基地和重要的红色旅游景点之一。

3.2.3 历史文化景观建筑与附属型建筑

3.2.3.1 城（堡）

A 龙头山古城遗址

古城位于牡丹江市郊沿江乡小莫村牡丹江左岸，在海浪河与牡丹江交汇的三角台地上。该台地俗称“龙头山”，该城因之得称“龙头山古城”。台地上有两条土筑弧形城垣，外侧有护城壕，将台地顶端割据为一大一小两个城池，古城整体平面呈扇形，两条直边以江边断崖为屏障，未见高出地表的墙体。城两侧的江边断崖上暴露有丰富的文化层堆积，曾采集到许多石器、骨器、陶片和细石器等遗物。在断层中采集的木炭经碳14测定，其年代为距今1985年。城内采集到一些轮制泥质陶片、瓷片及布纹瓦等遗物。筑城年代应不晚于唐代渤海国时期，后代亦有可能长期沿用。龙头山古城地处牡丹江中游水陆交通要冲，地理位置十分重要，是这一地区古代的重要城址之一。该古城之下尚有更早的人类活动的遗存。

B 南城子古城遗址

南城子古城位于牡丹江市阳明区桦林镇南城子村南，勒勒河左岸较平坦的台地上。古城坐北朝南，城垣周长2060米。东城墙垣沿河岸走向而筑略有弯曲，南、北、西三面墙垣均呈直线。墙体基本都是就地取土夯筑成墙，底部夹有块石，残墙高1.5~1.8米左右，基宽8~10米不等。其中，西城墙保存较为完好，尚高于地表2米左右，其外侧有瓮城遗迹。南墙中部有门址，外有瓮城址高出地面，北门址已无存留。城内出土少量手制夹砂陶，1件磨制石斧，1件残断砂岩磨盘。地表散布很多灰色轮制泥质陶器残片，青灰色、浅圆角红色布纹瓦残片、莲花瓦当、铁镞、铁钉、舂米工具石等。

现城内全部为耕地。旧《宁安县志》中有关于南城子古城的记载。近年又经多次调查，自城内采集到一些灰色筒瓦、布纹瓦片、轮制泥质灰陶片等遗物。城东南的山地中有较多的积石墓，经发掘确认是渤海国时期的平民墓。学术界认定该城为唐代渤海国的中晚期城址，即可能为渤海国上京龙泉府所辖州所在地。它是渤海国历史地理的重要坐标，是上京龙泉府北部的一个州治，也是渤海国与黑鞣鞨对峙的重要城堡。1986年黑龙江省人民政府批准公布该城为省级重点文物保护单位。

3.2.3.2 历史文化建筑小品——八女投江群雕

八女投江群雕体现的是中华儿女艰难的抗日历程，因为雕像中的主人公全部为女性，在战乱的年代，面对日军的逼迫，宁死不降，携手入江。八女投江群雕坐落于江滨公园，通体均由花岗岩铸成，于1988年落成，该座雕像反映的是红色革命年代中国女共产党员宁死不屈的作战精神。八女投江纪念群雕占地8000平方米，雕像坐南朝北，长、宽、高各为18米、6.9米以及8.8米。八女投江群雕的南部是一个面积约为160m^{2}的烈士纪念馆，该纪念馆采用单层半地下结构，门口与展厅均设有“八英烈女铭志”和“八女英灵永存史册”等题词。展厅里还有展板详细地介绍了雕像上这八位投江女烈士的生平、遗物以及她们强烈的爱国主义精神及从容赴死的气魄。该纪念馆后来被设立为省级爱国主义教育基地与保护单位。

乌斯浑河畔也于1982年10月，树立了题字为“八女英烈光照千秋”的石碑，该石碑上记述了八女群雕上这八位中国女烈士的英雄战绩，她们分别是李凤善、王惠民、黄桂清、郭桂琴、胡秀芝、安顺福、杨贵珍和冷云。八女群雕占地甚广，身临此雕像之下，仿佛重现了当年八女浴血抗战的景象，即便弹尽粮绝，也宁死不降，最后背负起受伤的战友，毅然决然的投身到冰冷刺骨的乌斯浑河之中，用血肉之躯谱写了一篇时间也无法消磨的爱国篇章。

八女投江群雕筹建于1984年，工程历时四年，总共斥资424万元人民币，其中，人民捐款、市政拨款、国家城雕组、财政部拨款以及民政部拨款分别为250万元、35万元、16万元、50万元和73万元；该群雕于1988年正式落成，并由邓颖超亲自题写了“八女投江”这四个大字。八女投江群雕总工程十分浩大，设计与雕塑两项重要工作分别由中央美术学院与四川美术学院承揽，而广场、纪念馆及雕像的施工则由四川美院雕塑厂等多个专业机构负责。也因此群雕效果栩栩如生，细节上也处理的很好，十分具有艺术性与教育性，令人叹为观止。

3.2.4 古墓及烽火台

经考古发现，牡丹江市区还有诸多古墓及烽火台遗迹，目前在文史资料和实物留存的调查方面还有欠缺，更多的研究深入开展之后，这些遗迹也都会成为牡丹江历史文化旅游资源的亮点。见表3-2。

表 3-2 牡丹江市区古墓及烽火台遗迹

名称		时代	位置
古墓	黑山古墓	早期铁器	温春镇黑山村西山坡
	敖东崴子古墓	渤海时期	温春镇敖东崴子村西耕地中
	江西古墓	渤海时期	北安乡江西村西南山脚下
	石场沟墓群	渤海时期	桦林镇南城子村东南山坳中
	三道关墓群	渤海时期	三道关乡东北山梁边墙南侧
	朱家屯古墓	清代	沿江乡朱家屯北耕地中
	小莫古墓	清代	沿江乡小莫村西山脚下
	南江古墓	清代	沿江乡南江村南耕地中
	楼房古墓	清代	温春镇楼房村西山坡
	黄花古墓	清代	沿江乡卡路屯北部
烽火台	砬子沟子烽火台	清代	铁岭镇砬子沟村西峰之上

3.3 牡丹江市区历史文化人文活动

3.3.1 历史文化人事记录

3.3.1.1 唐涤生

唐涤生（1917～1959 年），原名唐康年，香港著名的粤剧剧作家，在粤剧领域内被称为“鬼才”。唐涤生出生于黑龙江牡丹江市，他四十余年的短暂一生却在悠久的粤剧发展史上描绘了最光辉灿烂的一笔，正是唐涤生的鬼才展现，让粤剧的发展和创作在 20 世纪 50 年代达到了辉煌鼎盛时期。

3.3.1.2 周保中

周保中（1902～1964 年），原名奚李元，云南大理人。曾任国民革命军第六军的团长、副师长。1927 年加入中国共产党。

虽然周保中不是出生在牡丹江市，但其一生的英勇战绩为牡丹江市的历史和人民建立了不朽的功勋。1932 年 4 月，中共满洲省委任命周保中到牡丹江等地区组织领导义勇军进行抗日斗争，从此为了牡丹江的解放和解救人民于水火奉献了自己的一生。

3.3.2 民间历史文化习俗

3.3.2.1 地方历史文化风俗与民间礼仪

A 朝鲜族花甲礼

朝鲜族花甲礼是朝鲜族寿礼的重要礼仪之一，也是我国国家级非物质文化遗产。

朝鲜族人民到了 60 岁生日时都举办寿礼，称为“回甲宴”或“花甲宴”。按我国古代文化中的干支纪年，天干地支共同组成纪年方式，起始甲子年，每过 60 年作为一个循环单元，因此将 60 周岁称作周甲或还甲。朝鲜族人民认为 60 岁是人生道路上的重要分水岭，因此花甲礼也就特别受到朝鲜族民众的重视，是朝鲜族人民一生之中重大的人生礼俗。由于朝鲜族是牡丹江市重要的少数民族构成，人数较多，因此花甲礼也成为牡丹江市重要民间风俗与礼仪之一。

朝鲜族花甲礼的程序严格，大致包括摆寿席、献寿、放寿席、闹寿夜、分寿桌等项目。

B 满族礼仪

牡丹江的历史就是满族民众成长发展的历史，因此满族的礼仪也是牡丹江市历史文化习俗和民间礼仪的主要代表。

满族历史文化中的见面礼丰富多样，诸如磕头礼、拉手礼、抚鬓礼等。

“尊老敬上”可以说是满族人民传承下来的重要历史文化之一。晚辈每日早晚必须要向长辈问安，途中遇见长辈要让路后行等。

与汉族婚礼相比，满族传统婚姻仪式显然要更加复杂一些，除了最基本的通媒、放定与纳彩之外，还包括过箱（即正式迎亲前一天女方陪送嫁妆）、迎亲（男方到女方家中迎亲）、拜堂、拜祖（包括家中老人和已经故去的祖先）、分大小（认清族人辈分）和回门（一般成婚三日之后回门）等。

满族育儿习俗也与汉族存在明显的差别。如若家生男孩，则在门左挂弓箭；反之，家生女孩则在门右挂彩色布条。孩子出生三天时，亲朋好友要来送贺礼，俗称“下奶”；满月时要请客人来同贺，俗称“做满月”；孩子出生百日时，要用从各家要的彩布条编成锁，俗称挂锁；孩子满周岁时，要举行较为盛大隆重的仪式，来预测孩子的未来走向，俗称“抓周”。即便发展到21世纪，满族地区仍有“抓周”、“做满月”等承袭上千年的习俗流传下来。

3.3.2.2 民间历史文化节庆——朝鲜族流头节

流头节是朝鲜族的传统历史文化节日，也叫“流头日”，流行于朝鲜族聚居的牡丹江市及其他东北地区。流头节的节庆内容是以农为本，包括祭农神、祭祖先，祈求丰收与健康。

流头节一般在每年的农历六月十五举行。在流头节日当天，朝鲜族民众会携带酒食到牡丹江河岸边，在江水中沐浴，还将准备好的打糕扔到水田中，或用小木棍插在田埂上，俗称“龙神祭”或“农神祭”。

4 绥芬河市历史文化旅游资源

4.1 绥芬河市历史遗址遗迹

4.1.1 史前人类活动场所

人类活动遗址

新石器时代北寒乡建新村东沟谷北坡建鲍付沟遗址、大岭下遗址以及鲍新北遗址等。陶器多为手制，上面划刻的花纹有戳印纹路、篦点纹、人字纹以及弧线纹等，通体呈黄褐色居多；石器则有手工磨制的石剑、石刀、石斧以及石铲等。通过细致性的观察这几处遗址，发现已呈现出明显的新石器向青铜时期过渡的迹象，可见这几处遗址的发掘对研究石器时代与青铜时代人们的生活习性及历史有着重要的参考作用。

4.1.2 社会经济文化活动遗址遗迹（交通遗迹）

4.1.2.1 大白楼

大白楼位于火车站北 300 米，铁路体育场院内东北隅。西临滨绥铁路线不足 100 米。为典型的俄罗斯式建筑物，约建于 1913 年。

大白楼为长方环形二层楼房，中间有天井，东面南部有一天井通道。楼门设立于西面北部，两侧均铸造了搅拧状的圆柱，使其看起来颇具异域风情。在整幢楼的一楼南侧，则建造了一处为拱形的门洞，该门洞可供人出入。建筑墙体较为厚重，厚度约在 80 厘米左右，上为黑色铁瓦房顶，呈菱形拼接。整体建筑庄重大方。大白楼始终归由铁路部门使用。在过去，中东铁路很长一段时间内均为俄国员工的寝室，供其日常居住和生活所用；1945 年，抗日战争已接近尾声，在此时期，中东铁路则是苏联驻绥芬河专家的办公之所与宿舍。大白楼是原中东铁路的附属建筑，见证了多年以来绥芬河历史的变迁以及建国以后的快速发展。1984 年，因其具有重要的纪念意义，国家批准将其列入市级文物保护单位的范畴，以供世人铭记历史。

4.1.2.2 绥芬河火车站候车室

绥芬河市地处祖国东北边陲，是黑龙江省最大的陆路口岸城市之一。自中东铁路通车以来，一直为我国边境重镇。由于历史的原因，市区内保存许多本世纪初俄罗斯式的建筑群落，为这座边陲小镇增添了风采，绥芬河火车站即是其中之一。自 20 世纪初建成至今，车站整体结构和风貌没有大动，尤其是候车室基本保存原貌。候车室是一栋具有明显异域特色的二层建筑，其中，候车室设立在建筑的最中央，高阔宽敞，可同时容纳多人在此候车；在候车室的两侧又设有办公室、会议室和售票室等。室内围镶木板墙裙、几何形浮雕、厚重的门窗、黑铁皮屋顶以及黄褐色的墙体，充分显现出了俄罗斯式建筑的特有风姿。

4.2 绥芬河市历史建筑与设施

4.2.1 历史人文旅游地（宗教与祭祀活动场所）——东正教堂旧址

东正教堂位于俄侨学校楼后（西 20 余米），俗称“喇嘛台”，在当时的时代背景下，被百姓称为“协达亚尼古拉教堂”。“协达亚尼古拉教堂”建立于 1913 年，与火车站正面相对，共设有三处门，一处在西面为正门，两处在南北，分别为侧门，教堂的墙壁皆绘制了艺术观赏性强且宗教气息浓厚的油画。1945 年，“协达亚尼古拉教堂”所有的活动都被终止。同年由于战事塔楼被炸毁一部分。1950 年中国人民解放军驻绥部队，将教堂接管做基地转运站，同时维修了塔楼，并向东接建 200 平方米，把教堂改做俱乐部。

4.2.2 单体历史文化活动场馆——中共六大纪念馆

绥芬河铁路大白楼也是一座具有代表性的俄式风格建筑，呈现出鲜明的异域特征，该建筑落成于1930年，是中共六大代表秘密过境居住地旧址，在革命历史的传承过程中起到不可忽略的承载作用。1922年罗章龙到哈尔滨、绥芬河等地对工人运动情况进行实地考察，便曾以大白楼为居所及办公之地，并在这里发表与工人运动相关的演讲等。中共六大纪念馆现有馆藏资料1000多万字，图片2万多张，文物500余件，一级文物188件，三级文物18件。展览以翔实的资料和珍贵的图片、历史文物等展示了绥芬河秘密交通线的历史作用。

4.2.3 历史文化景观建筑与附属型建筑——苏联红军烈士纪念碑

纪念碑位于绥芬河市站前路东侧、今站前公园中。此碑于1945年8月，由驻绥芬河苏联红军司令部主持修建。碑身和碑座为砖石水泥结构。底座为正方形四层阶梯式，最大边长7米、下部2米为方柱体，其上为方锥体，碑顶置一红色五角星。全碑通高9米，四周有12根水刷石方柱，其间由铁链相连接。

4.2.4 历史文化居住地与社区

4.2.4.1 名人故居与历史纪念建筑

A 日本领事馆旧址

日本领事馆旧址位于绥芬河市区南部通天路与迎新街交叉处的西南侧。这座俄罗斯风格建筑物共有四层，建设于1914年，是日本侵华之后建设于中国东北部绥芬河地区的早期建筑之一。在这栋四层楼的建筑中，三层与四层都有雕刻着人面浮雕的外檐，远远看去如同密集的人头，所以又有“人头楼”之称。日本领事馆的一楼采用的是半地下的建筑方式，下面垒筑了能够防潮的石块，上部则采用了红砖来堆砌墙体。在这栋楼的顶层，则建有一处方亭，远远望去十分醒目。日本领事馆通体呈土红色，楼顶选用的是黑色且坚固的铁瓦盖；楼体中突起的棱角部分则是白色掺杂着黑色，看起来极为明显。改革开放以后，日本领事馆位于三层、四层的人面浮雕被毁，当时正值新中国建立之时，所以被改成了富有无限生机的彩色花瓣，寓意着新中国的欣欣向荣。人头楼色彩明快、鲜艳，具有鲜明的异域风情，且具有丰富的历史价值，早在1984年便已成为市级文物保护单位，对开展相关研究工作大有裨益。

B 苏俄领事馆旧址

苏俄领事馆旧址也是一座具有代表性的俄式建筑，其坐落于光华路东侧，地处高处，与俄侨学校这一具有异域风格的建筑遥遥相对。苏俄领事馆旧址楼窗既高且窄，上部为圆形，墙面有凹进的横向装饰。二楼之上有前廊，据此可了望市区大部。厚墙、黑色铁瓦顶的楼房的外表涂以黄色，凹部涂白色，使这座建筑更显典雅、明快。该楼初为沙俄领事馆，后为苏联领事馆，日伪时期苏联领事馆关闭，楼房闲置。解放初为远东公司办事处，后来则为绥芬河军政委员会办公楼。可见其不仅具有艺术价值，而且有一定的历史价值，是研究当地近代历史不可缺少的重要建筑。

4.2.4.2 书院——苏俄学校旧址

苏俄学校位于绥芬河市区南部、光华路与迎新街西南侧。是一幢平面呈“山”字形的二层楼房，约建于1913年。楼正面向东，山字形突出部分顶呈尖状，正门开在一楼南部，二楼窗下部方形，上为拱形。墙体厚重，呈灰白色，顶部为了坚固则采用了黑色的铁瓦盖。这栋建筑至今已经过了一百余年风霜的侵蚀，初为俄国学校，后来日军侵华之后则成为日军驻地。1945年8月苏联红军进驻，冬季大火将楼烧毁，后又修复。1950年由中国人民解放军222部队接管作为营房，1975年由81675部队接管仍为营房。1982年由绥芬河市人民政府接管做为办公楼。

4.2.5 交通历史建筑——绥芬河站

绥芬河站又被称为五站，建设于1899年，至今已有百余年的历史，是中东铁路东部路线的终点站，为二等车站。在绥芬河，有一段铁路是全国唯一的一套骑马式双道铁轨，即三号隧道。三号隧道洞口两侧分别刻有始建 1899 年 10 月和竣工于 1902 年的时间标记。这段铁路是全国唯一的一套骑马式双道铁轨，隧道长约百米，出口距离国境线 500 米，是东部线的第一个隧道。1936 年，这个隧道曾被侵华日军封死，断绝了中苏的铁路运输，直到 1945 年 8 月才打开。

4.3 绥芬河市历史文化人文活动

4.3.1 历史文化人事记录

4.3.1.1 张宗昌

张宗昌，字效坤，山东掖县祝家庄人。1881 年（清光绪七年）2 月 13 日生。张宗昌十二三岁随父掌铙钹，十五六岁后流落东北的营口、绥芬河及俄罗斯的海参崴等地。1922 年 5 月，原吉林军师长高士傧联合绥芬河探访队队长卢永贵发动反奉兵变。张宗昌请命被委任为"讨逆军司令"，带 200 余人奔向绥芬河。沿途招兵扩充到千余人，又得哈尔滨吴俊升补给武器、给养。张宗昌迅速击溃高卢部队进驻绥芬河。张宗昌收编溃兵成立 3 个团拥四千兵，被张作霖委任为绥宁镇守使兼吉林省防军第三旅旅长和中东路护路军副司令，驻阜宁镇。到 1924 年，张宗昌通过招收白俄残兵，收编土匪等手段招兵，兵力发展到两万余人。张宗昌驻扎阜宁镇后于镇南山脚下修建兵营，设参谋处、医务处等"八大处"，占地 10 余公顷，筑房约 50 间；为维持军费开支，张宗昌大开"烟禁"。并在阜宁镇内铺石路、打水井、两次从关内移民，吸引流民，贷给农户农具、籽种，倡导农户利用裕宁公司土地种植罂粟、经营鸦片以获得大量捐税。由此，绥芬河地区人口迅速膨胀，耕地大增。张宗昌为学校拨经费，倡导商家集资铺路。1924 年秋，张宗昌离开绥芬河。1932 年 9 月 3 日，被刺杀于济南车站，时年 51 岁。

4.3.1.2 赵采青

赵采青，又名赵建章，汉族，1882 年 4 月 15 日生。河北省栾城县沿河镇人。1930 年参加革命，1931 年加入中国共产党。历任地下工作员、抗日救国会会长、穆棱站党支部组织委员、中共吉东特委工运部部长、中东铁路职工部书记等职。1935 年 3 月在中东铁路沿线绥芬河至磨刀石建立抗日救国会几十个，组织沿线铁路职工配合抗联部队袭击日军列车，打死打伤日伪军多人。1938 年 8 月在绥芬河以铁路机务段工人身份掩护开展地下活动，因叛徒赵一夫出卖，同年 11 月 22 日被绥芬河日本宪兵队逮捕。后被押送至牡丹江宪兵队本部，在狱中坚贞不屈，顽强斗争，刺死刺伤日军看守各 1 人。1939 年 9 月 16 日英勇就义，牺牲时 57 岁。

4.3.2　民间历史文化习俗

（1）上梁歌。上梁歌是从山东传到东北的一个民俗，在绥芬河地区又有所发展，是人们在建造房屋时举行的一个仪式，在绥芬河流传已有近百年。在我们汉民族的传统风俗习惯中，盖房过程中上梁是一个必不可少的重要的仪式，上梁歌可以使上梁仪式更加赋予内涵，让这种仪式更能表现出它的地域色彩和神秘感。

（2）俄式马车。俄式四轮木制马车制造技术和工艺在中国东北传承，并与中式木制马车制造技术和工艺相融合，其发展史已有 100 多年。俄式四轮木质马车具有荷载运输稳定性强、装载量大、卸车便利、辅助部件易更换、减少驭马的劳动强度等特点。

5 海林市历史文化旅游资源

5.1 海林市历史遗址遗迹

5.1.1 史前人类活动场所

5.1.1.1 人类活动遗址——杨林南山遗址

杨林南山遗址位于长河镇杨林村南山，在海浪河南1公里左右，海拔332米。在杨林南山遗址发现的石网坠、石斧等器物多来自地表，以石制品为主，数量和类型都十分丰富，通过发掘物可以看出该遗址属于旧石器时代，距今5万至2万年。

5.1.1.2 文物散落地

文物散落地时间及位置见表5–1。

表5–1 文物散落地时间及位置

序号	名　称	时代	位　　置
1	振兴西遗址	新石器	三道乡振兴村西小河入江口左岸
2	王兰沟遗址	新石器	二道镇王兰沟铁路桥西侧
3	杨林遗址	新石器	旧乡街招待所后台地
4	老道庙遗址	新石器	二道镇老道庙村东铁路东侧

5.1.1.3 文化层——振兴文化

振兴遗址位于海林市三道河子乡振兴村西约700米处，坐落在两山相夹的牡丹江右岸的一级台地上，距江边约400米左右。隔江与左半的河口遗址遥相对应。根据地面调查可知遗址分布范围为东西400米，南北700米，总面积约28000平方米。遗址依山傍水，地理条件较为优越。振兴遗址自上至下可分为五期，年代最早的第一期遗存属新石器时代，从其文化内涵看，可分为甲、乙两类。振兴遗址遗存的文化类型尚无法判明，因其与已发掘的文化类型都不相同，故以发掘地命名，称为“振兴文化”。

5.1.2 社会经济文化活动遗址遗迹

5.1.2.1 军事遗址与古战场

A 九公里山城遗址

古城东约0.5千米为海（林）长（汀）线九公里火车站，因之称其为九公里山城，当地群众俗称其为“高丽城子”。

古城依山势而筑，平面呈不规则形。东西窄，南北长，周长约1500米，城南端为悬崖绝壁，其下紧临海浪河水。九公里山城处于三山一河之间，通过陡峭的山沟才能进入城内，位置绝佳，避风隐蔽，易守难攻。坡地中的城垣高厚坚实，保存最好的墙段今仍有4米多高。其北段有一门址可通向城东山谷。墙体有3处向城外圆形突起，其作用大体与金代城垣上的马面设置相似，九公里山城地势险峻，此城应为渤海国时期的军事城址，性质与镜泊湖城墙砬子山城十分相似。

B 威虎山纪念地

解放战争初期，为消灭被国民党收买的数股残匪，我东北民主联军牡丹江军区二团赴海林、尚志、牡丹江、穆棱一带进行剿匪斗争，团部驻在海林镇。在几次主要战斗中，侦察英雄杨子荣立下卓越战功。他和他的战友们在杏树村战斗中勇俘顽敌、在亚布力活捉许大马棒，于大夹皮沟生擒惯匪“座山雕”。文学名著《林海雪原》中智取威虎山所反映的就是在大夹皮沟的战斗。

大夹皮沟山区位于张广才岭东部、海林市境内头道河子中上游大夹皮沟一带。人们所知的“威虎山”就是这一带绵亘近百里的山岭。在小说《林海雪原》问世前，这里其实并无“威虎山”一称。

在大夹皮沟山区的南部，今四号棚东南十余里的山坡上，原有一座半地穴式木构窝棚，是惯匪张乐山的巢穴，此即文学作品中所谓的“威虎厅”。窝棚建在山坡的平坦处，当时这里草深林密，十分隐蔽。如遇紧急情况时，可顺山沟直达海林、牡丹江或其他深山老林，所谓“能攻能守又能溜”，主要是便于“溜”。实际上这里既无“山洞大厅”，又无“地堡暗道”。附近有一眼山泉，现在泉水仍在涌流。当年杨子荣等剿匪队伍在歼灭这股土匪时，已将木构的窝棚摧毁，新中国成立后仅遗有一长方形土坑。

5.1.2.2 废城与聚落遗迹

A 宁古塔将军驻地旧城遗址

位于海浪河中游右岸的新安盆地南部边缘、今海林市旧街乡东旧街村西侧海林镇至长汀镇公路越城而过。古城西距旧街乡 3 千米，东南距宁古塔新城（现宁安市）20 千米。

宁古塔将军城，是我国清朝政府设置在盛京以北管辖黑龙江、乌苏里江流域广大地区的东北边的著名重镇。宁古塔将军的驻地和治所两经迁移，易地三处，依次为宁古塔旧城，宁古塔新城、吉林乌喇。宁古塔城是当时黑龙江地区军事、政治、经济的中心。宁古塔旧城作为梅勒章京的驻地历时 30 年。

据《盛京通志》载，宁古塔旧城在海兰河（今海浪河）南岸，有石城（即内城）高丈余，周长一里，东西各一门，外城边墙周围五里余，四面四门。经实测，外城已无遗存。内城为正方形，超长 171 米，周长 684 米，由于长期风雨侵蚀及人为破坏，仅存东北角及北墙、西墙部分。墙体断面呈梯形，现高 4 米，基宽 13 米，顶宽 1 米，由黄土分层版筑，层间横垫小圆木，墙底筑有石基。

B 宁古台遗址

位于海林市旧街乡龙头山村北 100 余米。西距宁古塔将军旧城址仅 1 千米。地处海浪河中游新安盆地东南隅。

宁古台是一座突兀于地面的椭圆形山丘，其上西高东低，坡度平缓。沿山崖边缘有一周土筑城垣。山丘的西、北两面陡峭近于垂直，并有海浪河逶迤流过。东侧山低坡缓，可攀登而上。南与山体相连，但被深阔的沟壑隔断，使宁古台“绝水独倚，四面空旷，不与众山为伍”。经实测：城垣周长近400米，宽5米左右，残高0.5米，西南侧最高处因取石将石崖炸掉一部分，故城垣至此中断70余米。东北侧最低处有一门址，今宽4米余，门外缓坡有路可东南行，这是城内与城外的唯一通道。从城垣形制和修筑方法推测，其始建可能早于唐代渤海国时期，后代予以沿用。

C 细鳞河遗址

细鳞河遗址位于海林市东北约67.5千米处的牡丹江左岸，北邻二道河子镇原细鳞河村，牡丹江支流细鳞河流经遗址南侧。这里为一处河谷盆地，周围群山环绕，两面临水，是古代居民的理想生活地点。为配合牡丹江中下游莲花水库的工程建设，黑龙江省考古工作队等单位，于1983年春组成文物普查队，对水库淹没区进行了全面考古调查，发现了细鳞河遗址。随着水库蓄水的临近，1995年秋黑龙江省文物考古研究所对该遗址进行了考古钻探和试掘。遗址分布在细鳞河与牡丹江交汇处西北方的慢岗地上，面积约1万平方米。1995年试掘时发现1座房址，出土陶器等遗物几十件。1996年夏，由黑龙江省文物考古研究所和吉林大学考古学系组成联合考古队，对细鳞河遗址进行了抢救性发掘。发掘工作从7月中旬开始，至9月中旬结束，历时60余天。发掘地点位于1995年试掘区的东、西、北侧，共布5米×5米探方27个，扩方130多平方米，发掘清理出房址、灰坑与窖穴、灶、井等遗迹多处，出土了大量的陶器、铁器、铜器、骨角器、骨角料、石器及兽骨和炭化农作物种子等遗物。细鳞河遗址共有三个文化堆积层，各层之间互有打破，文化面貌类似，属于同一文化类型。

D 其他废城和聚落遗址列表

其他废城和聚落遗址见表5-2。

表5-2 海林市其他废城和聚落遗址

序号	名 称	时 代	位 置
1	北宁遗址	早期铁器	北宁村西杨水站砖窑附近
2	六十八公里遗址	早期铁器	二道镇林海村北铁路北侧

续表 5-2

序号	名 称	时 代	位 置
3	河北遗址	早期铁器	长汀镇河北村东南河左台地
4	梨树沟遗址	早期铁器	长汀镇梨树沟林场西侧
5	后冰浪沟遗址	早期铁器	三道乡柳道河西南后冰河沟口
6	鹰嘴砬子遗址	早期铁器	三道乡鹰嘴砬子西南坡
7	三站南遗址	早期铁器	二道三站村东坡地
8	望天岭遗址	平期铁器	三道乡木兰集村东望天岭山地
9	木兰西遗址	早期铁器	三道乡木兰集村西北江右岸
10	向阳遗址	早期铁器	柴河镇向阳村东新开河左岸
11	山嘴子遗址	早期铁器	新安乡山嘴子村西桥东河岸
12	群力遗址	早期铁器	柴河镇群力村东南“字砬子”对岸
13	北站遗址	早期铁器	柴河镇北站村北耕地中
14	孟家遗址	早期铁器	石河乡孟家村西南台地
15	平山遗址	早期铁器	石河乡平山村北河左岸台地
16	水动力遗址	早期铁器	柴河镇北站水动力西南路两侧
17	宁古台遗址	早期铁器	旧街乡龙头山村北山丘上
18	小荒沟遗址	早期铁器	二道镇小荒沟村北侧
19	发河遗址	早期铁器	长汀镇发河村西两河交汇处
20	兴农西南遗址	早期铁器	三道乡铁路东南耕地中
21	兴农东南遗址	早期铁器	三道乡兴农村东南古河道两岸
22	锦山遗址	早期铁器	山市镇锦山村东河右岸台地
23	棒槌沟遗址	早期铁器	柴河镇江西村棒槌沟
24	团力遗址	渤海时期	柴河镇团力屯东南江左台地
25	头道遗址	渤海时期	柴河镇北站村南小河入江口处
26	阳光遗址	渤海时期	柴河镇阳光村东河左岸
27	菜园遗址	渤海时期	二道镇南菜园中
28	振兴东遗址	渤海时期	三道乡振兴村东山溪左岸

续表 5-2

序号	名　称	时代	位　置
29	三站遗址	渤海时期	二道镇三站村西北砖厂
30	河口遗址	渤海时期	三道乡河口村东小河入江口右岸
31	木兰集遗址	渤海时期	三道乡木兰集北江右岸台地
32	畜牧场遗址	渤海时期	三道乡畜牧场东南 1.5 千米处
33	石河遗址	渤海时期	石河乡石河村南河右岸台地
34	风光遗址	渤海时期	石河乡风光村东河右岸台地
35	三家遗址	渤海时期	新安乡三家村东南河左岸
36	黄岗遗址	渤海时期	长汀镇黄岗村西河左岸岗地
37	青年点遗址	渤海时期	长汀镇河北村青年点北侧
38	河夹西遗址	渤海时期	海南乡河夹村西 300 米处
39	东沙遗址	渤海时期	二道镇东沙村东北江右岸台地
40	选矿厂遗址	渤海时期	二道镇小荒沟选矿厂
41	小北岗遗址	渤海时期	二道镇北岗村西河左岗地
42	高力遗址	渤海时期	柴河镇高力屯东江左岸台地
43	江东遗址	渤海时期	柴河镇江东村
44	石砬子遗址	渤海时期	长汀镇森铁砬子车站西
46	朝鲜屯遗址	金代	长汀镇朝鲜屯北坡
47	东升遗址	金代	三道乡东升村西北小河边
48	丰收遗址	金代	三道乡丰收水库沟南山
49	西街遗址	金代	山市镇西街村西南河左岸
50	前山遗址	金代	山市镇前山村西南河左岸
51	福兴古城	渤海时期	海南乡福兴村北河右岸
52	兴农古城	渤海时期	三道乡兴农村东北江湾处
53	迎门石小城	渤海时期	三道乡迎门石村东江左岸
54	鹰嘴砬子小城	渤海时期	三道乡鹰嘴砬子南坡
55	满城	金代	旧街乡满城村

续表 5-2

序号	名　称	时 代	位　　置
56	萨尔虎古城	金代	海南乡沙虎村
57	九公里山城	金代	长汀铁路九公里站西北山上
58	高力井小城	金代	柴河镇高力井屯北山坡

5.1.2.3 烽燧

柴河镇北五林河右岸山顶和北站村东山顶有柴河烽火台和北站烽火台两处清代烽火台。

5.2 海林市历史建筑与设施

5.2.1 历史人文旅游地（宗教与祭祀活动场所）

（1）白庙子。1883 年建成，无详细记载。近代主持是姓申的班禅大和尚，有尼姑吴连玉等七人。1946 年班禅病故，尼姑吴连玉去了缅甸，人走庙空。1948 年白庙子被拆除。

（2）圣母进堂教堂。1903 年到 1920 年，在中东铁路绥芬河至牡丹江段，由铁路公司出资，先后在铁路沿线各车站穆棱、梨树镇、爱河、磨刀石、八面通、细林河、沙河子、库伦别、柳树河子、马桥河子等建立教堂。1903 年在横道河子修建的约金斯克教堂，又称“圣母进堂教堂”是其中最大的教堂，能容纳 500 人。建堂初期，包括掌院神父在内共三名神职人员，教徒 234 人，1914 年最多时达 1600 人。神职人员历任九届，最后一届是大司祭尼凯洛维奇 · 库兹尼果夫。他于 1955 年回国，教堂随之关闭。圣母进堂教堂是黑龙江省内仅存的木质结构的东正教堂。

（3）老道庙。位于牡丹江下游二道河子的河岸边，由宋春明兴建。宋春明本是在牡丹江开旅店的生意人，由于连续遭生活的打击，独自来到河的二道哨口，在锹挖的地窨子住处旁，用两块石头搭起“庙”，开始烧香敬佛。此处来自山东的采伐工人较多，香火旺盛，宋春明花了九年时间，建成了规模达九间的庙堂，取名太平哨福德宫，老百姓称其为老道庙。老道庙有道士 14 人，由宋春明主持，李再兴、杨老道、郭老道任监院。三间正殿，里面供着太上老君，三间厢房供着河神牌位。老道庙西有宋春明和他的大徒弟满志新两届主持的八角形坐棺石墓。

(4) 峰林意航宫。建于民国 16 年（1927 年），宫内供奉“西王母”“河神”“天神”“功曹”（值月、值日、值时之神）。主持道士许信有、吴老中、朱达岩，还有道姑赵文霞、宋崇泰、康崇维三姊妹。1945 年 8 月后，许信有云游千山，该宫已片瓦无存。

(5) 石河山神庙。又名庙山庙、朝阳庙，建年不详，规模很大。正殿供“山神”（老虎），东院有“城隍殿”“鬼王殿”“风雨雷神殿”“土地祠”“天仙堂”，西院有“姑娘殿”“关帝殿”“马殿”“昭忠殿”及“钟鼓楼”，院南有山门。主持道士刘树真，有弟子 3 人。土地改革时，该庙被毁。

(6) 柴河关帝庙。伪康德 8 年（1941 年）在柴河建成，长 7 米，宽 6 米，原来有东西两廊，各长 12 米，内供“关圣帝君”（关公），主持道士吴胜国。该庙毁于“文化大革命”时期，现仅存正殿。

(7) 江头白娘娘庙。建于清末民初，该庙正殿供奉“云霄娘娘”，配殿供“城隍”“土地”。每年夏历 7 月 15 日，“盂兰盆会”（鬼节）要在海浪河上放“荷灯”超度亡灵。又在每年夏历 4 月 18 日，举行“娘娘庙会”，邻近各村都来赶会，有讨“圣水”的，也有穿黄袍的。土地改革时被毁。

(8) 海林双庙子。在海林双庙街中间，约建于民初，是两座小木庙，专为办丧事“报庙”仪式而设。土改时被农民“破除迷信”而砸。

(9) 海林东大庙。该庙建于民国 34 年（1945 年）春天，海林街的乡绅们集资，不建学校而建筑了此庙。正殿供奉儒、释、道三教。正中为娘娘庙，是“幽冥教主地藏王菩萨”；西边是文庙，供奉“大成至圣先师”（孔夫子）东殿是老爷庙，供奉“关圣帝君”（关公）。1946 年土改时，该庙泥像还没来得度开光，就被农民砸掉，庙宇改为仓库。

5.2.2　历史文化景观建筑与附属型建筑

5.2.2.1　摩崖字画——群力岩画

位于海林市柴河镇群力村东、牡丹江（回转处）右岸陡峭山崖的垂直石壁的平面上。岩画距江面高 23 米，俗称“字砬子”。是黑龙江省东部山区唯一的古岩画遗迹。

岩画绘制在高 1.2 米、宽 1.8 米的花岗岩石壁上。画面分左右两部分，每部分上、中、下 3 个图形。左部以狩猎内容为主：上绘一只带角的鹿形动物，呈奔跃状；中绘一只无角的幼鹿；下似为一只直立的黑熊。右部以渔猎为主要内容：上绘一株大树，繁茂的枝叶形成遮阳的凉棚，树下端坐两人，是在祈求或等待儿女或部族成员渔猎的丰收；中绘一只鹿，无角，腹部圆大，疑怀胎母鹿；下绘一叶扁舟，一只雄健的鱼鹰（鸬鹚）引颈昂首伫立船头，准备为主人捕捉猎物。船中有一人双手举起扣网，伺机扣捕江中的游鱼。船尾蹲坐一人，在划船或扶舵。岩画采用类似剪影的方法，全部涂以赭红色，人物图形多为正身，动物图形则为侧身，给人以朴素、明快的感觉。整个画面构图紧凑，人和动物形象古朴，生动自然。岩画的年代，大致相当于南北朝时期，很可能是该地土著民族靺鞨人所绘。

5.2.2.2　碑碣（林）——贞节碑

卜傅氏贞节碑是海林市级文物保护单位，它是清朝乾隆五十五年（1790 年）四月十一日，为旌表正红旗人卜傅氏守节报国之事而立的贞节碑。皇帝为民女立碑，这在海浪河流域，是有史以来最大的一件大事，人员之多，场面之大，立碑的声势就可想而知了。贞节碑为玄武岩石料，本地不产，是从外地加工好运到这里的。碑高 2.18 米，宽 0.71 米，碑额刻有二龙戏珠浮雕，上刻满汉两种文字“圣旨”“贞节”等字样。碑身刻满文，记述卜傅氏功德：清政府在宁古塔招兵，卜傅氏支持丈夫从军报国，其不幸在战场阵亡。卜傅氏立志守节，抚养孤儿，孝敬公婆。孤儿成人后，卜傅氏又送子从戎，其子屡建战功，受到乾隆皇帝召见。皇帝得知其身世后很惋惜，对这位普通乡下妇女，能有这样崇高的境界，深受感动。为此，乾隆皇帝特降旨，旌表这位守节报国的普通民女为伟大母亲，并立贞节石碑，以教育后人向卜傅氏学习。

5.2.3 历史文化居住地与社区（特色历史文化街巷）——俄罗斯老街

俄罗斯老街，位于横道河子中心，因中东铁路横道河子站的修建而兴起，整条街较为完好地保存着中东铁路修建时俄罗斯建筑200多栋。

5.2.4 归葬地

5.2.4.1 陵寝陵园——杨子荣烈士陵园

始建于1966年9月，位于海林镇东山上，总面积8.5万平方米，是剿匪英雄杨子荣的安葬地。主要建筑物有革命烈士纪念碑、杨子荣和马路天烈士墓及杨子荣纪念馆。馆内采用专题陈列体系和模拟场景相结合的陈列手段，将杨子荣的历史背景、英雄壮举和传奇色彩展示给世人。

5.2.4.2 墓（群）

A 头道墓群

牡丹江中下游流域是唐代渤海国的腹心地区之一，遗有多处墓群。这里的渤海墓葬，绝大多数为封土积石（石室）墓，通常用规整的石块砌筑成长方形墓室，墓门多南向，墓室顶部由大块石板封盖，于其上堆石成冢，上覆封土。多由几十座或上百座墓形成一处墓群。

头道墓群可细分为3个墓区。

（1）A墓区（头道墓区）：位于柴河镇头道河子村东南牡丹江左岸的二级台地上。现存40余座墓葬，因耕垦和洪水浸淹已遭不同程度破坏。

（2）B墓区（北站墓区）：位于柴河镇北站村西南1千米山脚下

的缓坡地中，去蚕场的山路从墓区中通过。路南的墓破坏的较严重，地面多已低平不见坟冢。路北傍山的墓保存较好，一般均高于地表1.5米左右，现仍可辨识出36座。

（3）C墓区（江东墓区）：位于柴河镇江东屯南约1千米、牡丹江右岸一山沟的沟口处。

头道墓群在附近地区众多的渤海基群中，是墓葬数量多且又保存比较完整的一处。

B 其他墓群

其他墓群见表5-3。

表5-3 其他墓群

序号	名　称	时代	位　　置
1	北站墓群	渤海时期	柴河镇北站村西河左岸
2	江东墓群	渤海时期	柴河镇头道江东屯南江岸
3	二道中学墓群	渤海时期	二道中学南江左岸台地
4	三道中学墓群	渤海时期	三道中学校舍后山坳中
5	山嘴子墓群	渤海时期	新安乡山嘴子村东土岗
6	哈达墓群	渤海时期	旧街乡哈达村西山坡
7	东沙墓群	渤海时期	二道镇东沙屯东南山坡
8	民力墓群	渤海时期	柴河镇民力屯东江左岸台地
9	突古山墓群	渤海时期	旧街乡西南突古山东南坡
10	长石墓群	渤海时期	柴河镇长石村西南山谷中

5.2.5 交通历史建筑（车站）——横道河子站

横道河子站建于1901年，处于绥滨线中部，高岭子前站，是列车爬山必然加煤、加水、加挂车头的重要车站。因此，横道河子铁路机务段、车务段、列车段、检车段、工务段、电务段、房产段、生活段、发电所、给水所、医院等各个部门应有尽有，铁路员工家属也聚集在此，增加了横道河子的人口。横道河子站成为绥宁线上重要的交通节点。目前横道河子小镇及镇内俄式建筑已成为独具风格和魅力的特色旅游小镇。

5.3 海林市历史文化旅游商品

（1）米儿酒。满语叫詹冲努力，也叫糜儿酒，芦酒，秋酒和黄米酒。满族先人酿酒技术的历史很久。米酒品质优良，纯粮食酿造。其味甘美为人所珍重，除用于祭祀外，米儿酒制作工艺简单，发酵时间短，可以随酿随喝。米儿酒的制作所用设备简单，可以利用家庭的灶具和炊具就能酿出酒来。

（2）满族泥火盆。满族人使用火盆的历史悠久。火盆作为一种取暖器物，历经几千年，在东北农村广泛使用过。火盆的广泛使用，让人们长期的生活中探索发明开创了制作泥火盆的手工技艺。泥火盆看似简单，其实每道工序要求都很细致和严谨。如今火盆已从我们的生活视线中淡化，在城镇已看不见了，但在农村和山区仍有人在用。

5.4 海林市历史文化人文活动

5.4.1 历史文化人事记录

5.4.1.1 历史人物

A 昭德皇后乌林答氏

昭德皇后，姓乌林答氏。原居今海林市境内的海浪河流域，其祖为女真人乌林答部部长。乌林答氏在幼小的时候就与完颜雍（金太祖武元皇帝完颜阿骨打之孙，完颜宗干之子）订婚。乌林答氏，姿容清秀，举止端庄，孝敬仁慈，未出嫁时很受族人敬重，与完颜雍结婚后，非常孝敬公婆，善于治理家务，待人和气，将完颜雍的王府管理得和睦团结，井井有条，堪称女中之贤杰。乌林答氏非常通达官场中的人情世故。1149 年，完颜雍的同父异母哥哥完颜亮杀熙宗登位，改年号天德，史称海陵王。登基后完颜亮对完颜雍这个文武双全、口碑极好的弟弟充满猜忌。乌林答氏帮助完颜雍出谋划策，渡过了很多次危机，最终为了保护丈夫、家族的颜面和自己的清白于赴中都的路上自尽，年27岁。

1161年10月完颜雍从海陵王手中夺得皇位，庙号世宗，仁孝皇帝，改年号大定。完颜雍继皇位时，元配乌林答氏已故，大定二年追封乌林答氏为昭德皇后，在亲庙外另建皇后祠。完颜雍在位的29年间，由于怀念乌林答氏，一直没有立皇后。

B　陈嘉猷

陈嘉猷，字敬尹，籍贯及生辰不详，有的资料说他为福建人。顺治朝中期，他为官至吏科给事中（负责抄发章疏并稽查违误）。因王一品案人狱问罪。同年十二月初五，刑部奏请，王一品按律论绞，陈嘉猷流放丁古塔。获清廷允准，于是王一品服刑，陈嘉猷与妻子、一女三子及三个仆人，从北京的刑部门前登车，走上遥遥无期的流放宁古塔之路。陈嘉猷到达宁古塔为顺治十二年（1654年），这里为新设置之地，未见汉人，他在来到这里三十五年后的康熙二十八年（1689年），与前来这里探望父母的杨宾（流人杨越之子）谈起此事，被杨宾写入《柳边纪略》一书中“陈敬尹为余言日我于顺治十二年流宁古塔，尚无汉人。”特别还有一事，据陈嘉猷自述，“满洲富者麻为寒衣，捣麻为絮，贫者衣狍、鹿皮，不知有布帛，有之自予始。予曾以白布易稗子谷三石五斗。有拨什库某，得予一白布缝衣，元旦服之人皆羡焉”。当时宁古塔人穿衣，富人靠辑麻来做衣御寒，而普通人只能穿狍皮或鹿皮，根本不知什么是布。他曾用一匹布与当地人换得粮食，而得此布匹的一个小官用白布缝制新衣，春节时穿上，大家非常羡慕。这也从另一个方面物质衣着的变化上，证明陈嘉猷就是流放到宁古塔第一人。

C　周保中

周保中（1902~1964年），原名奚李元，白族，大理市湾桥村人。周保中15岁从军，曾在云南讲武堂学习。1931年“九·一八事变”后回国，赴东北参加抗联领导工作。历任满洲省委军委书记，吉林省省委书记、中共东北委员会书记等。1932年2月，到达哈尔滨，任中共满洲省委军委书记。4月，被派到吉东地区的绥宁一带，组织领导抗日武装斗争，曾任王德林救国军总参议兼前方总指挥部参谋长。他先后在海林境内指挥了几十次与日伪军的战斗，沉重地打击了日军的嚣张气焰。

D 杨子荣

杨子荣，原名杨宗贵，字子荣，1917 年出生于山东省牟平县宁海镇嵎峡河村。父亲杨世恩是瓦工。1945 年 9 月 18 日参军，入伍后三个月，便光荣地加入了中国共产党。1946 年初，所在部队奉命由五常挥师东进，经过 17 天长途跋涉，途经小山子、尚志、一面坡、苇河、亚布力、横道河子等地，于一月中旬到达牡丹江。杨子荣所在部队改编为牡丹江军区二团，于 2 月 1 日（农历腊月三十）驻守海林开展剿匪斗争。杨子荣担任三营七连一排一班班长，同年四月提升为二团直属侦察排排长。

他谙熟匪情，英勇无畏，足智多谋，沉着老练，在剿匪中屡建战功，多次受奖。在著名的杏树村战斗和活捉三代惯匪“座山雕”的战斗中，创造了以少胜多的传奇战绩。1947 年 2 月 23 日，在海林县（现海林市）北部梨树沟里闹枝沟一带追剿残匪的战斗中，英勇牺牲，时年 31 岁。

5.4.1.2 历史事件

A 设立宁古塔昂邦章京

1644 年（顺治元年），俄罗斯趁清军入关与明朝军队作战、无暇顾及东北边务之机，入侵中国黑龙江流域。为了加强东北北部边务，抗击俄罗斯对黑龙江流域的入侵，1653 年（顺治十年），清朝政府将盛京辖区内的南起开原、北抵外兴安岭的松花江、黑龙江和乌苏里江流域，包括尼布楚和库页岛等地，划为单独的行政区，在原设的宁古塔驻防官的基础上，增设宁古塔昂邦章京，与盛京将军同为镇守一方的最高军政长官。

1662 年（康熙元年），康熙皇帝钦批，将宁古塔昂邦章京升为镇守宁古塔等处将军，治所在宁古塔（今黑龙江省海林市旧街）。从此，宁古塔将军成为东北北部的边疆大吏，直接受清朝政府领导。宁古塔将军的设立，有利于抗击俄罗斯的入侵。从 1653 年（顺治十年）清朝政府决定增设宁古塔昂邦章京，到 1666 年（康熙五年）这

13 年的时间，宁古塔昂邦章京、镇守宁古塔等处将军一直驻宁古塔旧城（今黑龙江省海林市旧街）。1666 年（康熙五年）迁驻宁古塔城（今黑龙江省宁安市）。

B 流放宁古塔

从顺治中叶开始，宁古塔就有大批关内名人被流放到此。他们或以科场之罪，像吴兆骞、钱维德等；或以文字狱，像吕留良家属、金圣叹家属；或以反叛之嫌，像汪景琪等；或以为官过贪等罪名，被谪戍宁古塔。这些流人往往“教书自给”，有的充当水师营的水手、驿站的驿丁、八旗官员的家奴，有一些人还直接参加抗俄战争(吴兆骞就是如此)。到 1676 年统计，宁古塔有流人共达四百户之多。除了一些文化名人之外，流人中还有清廷宗室至亲载澜和朝廷重臣工部侍郎张缙彦等人，被谪戍至此，皆老死于宁古塔。这些流人对保卫边疆、建设边疆、促进与内地的文化交流等方面都起到了巨大的作用。

5.4.2 历史文化艺术

5.4.2.1 古代文艺团体——七子之会

自 1661 年（顺治十八年）4 月，张缙彦最终来到了宁古塔（黑龙江省海林市旧街)，他虽然已经落魄至此，然而他始终不忘“坐拥万卷，无刻不以诗文为事”，并于 1665 年（康熙四年)，召集吴兆骞、姚琢之、钱虞仲、钱方叔、钱季丹、钱德维等人，共同建立了“七子之会”。他书写的诗词比较有特点，吴兆骞曾在评价他的诗词时提到“河朔英录，而有江左风味”。该协会也属于黑龙地区首个评论诗词的协会，它起源于明朝末期江南文人组建的诗社，对于促进东北文化发展也起到了重要作用。

5.4.2.2 历史文学艺术作品

A 杨宾与《柳边纪略》

《柳边纪略》是 1707 年（康熙四十六年）杨宾编写的一部全面叙写东北的地理学专著。在我国历史上，南朝时期的洪皓通过研究曾经编写了《松漠纪闻》，而杨宾编写的著作内容主要讲述了东北地区的有关情况。该著作的诞生，能够让更多人了解到东北地区的真实情况，并为相关学者未来开展相关研究工作留下了可靠依据。作者在编写过程中，运用了非常严谨的工作态度，他前往宁古塔共计两次，而从北京地区到达宁古塔的距离很远，共计 2878 里，并且在途经上百个地区的过程中记录了各个地区相互之间的距离，从中我们都能够发现作者工作的细致性。他运用实地调查方式，记录了东北地区已经设定的 384 卫、24 所、7 站、7 地面、1 寨，并且囊括了全部内容，这对于后人分析明代时期的为所设定情况带来了很大助力。该著作的主要内容讲述了黑龙江地区以及整个东北的相关情况。梁启超曾经评价该著作属于“首次开展边疆地理研讨工作的著作”，也是大家分析研究东北地区历史发展过程的重要文献，可参考价值极高。历经时代的变化和发展，该著作依然能够体现出自身价值。

B 方拱乾与《何陋居集》和《绝域纪略》

《何陋居集》当中汇总了很多诗，这些诗的创造时间为 1659 年（顺治十六年）一直到 1661 年（顺治十八年），具体数量很多，已经达到了 934 首，并且这些诗词的创造人为方拱乾。而在确定此部诗集的具体名称时，创造人还运用了圣人提及到的理念。该诗集属于黑龙江地区目前能够找到的首部著作，其中涉及到的内容非常多，例如历史事实、风俗习惯、特产等等，能够让大家了解到当时更多文化内容。

1662 年（康熙元年）七月，方拱乾据在宁古塔见闻，写成《宁古塔志》（又名《绝域纪略》），其中涵盖的内容很多，例如流传的故事、树木和牲畜、风俗习惯、饮食等内容，能够体现出黑龙江地区的各种文化风貌。

C 吴兆骞与《秋笳集》和《归来草堂尺牍》

吴兆骞在官场当中由于事情受到了牵连，并于顺治十四年被流放，他的流放地为宁古塔（黑龙江宁安），在这几十年当中他尝尽了各种滋味。该文集先由徐乾学刻印，后经吴兆骞之子吴振臣整理，有所增录补遗。吴兆骞诗风真率清雅，善于将苍凉萧森的境与凄楚悲怆的情紧密结合，颇能感人。该文集所收作品反映了东北边塞自然景观、社会生活以及广大流人生活与心态，尤其是抗击沙俄的斗争等，对清代东北史地、文学、文化，以及流人学等领域的研究，具有很高的价值。《归来草堂尺牍》收录其入狱及流戍宁古塔时之家书 15 封和寄友书 21 封等，是黑龙江现存的第一部书信集。该文集是研究清代东北文史、流人学，以及吴兆骞生平的重要史料。

D 张缙彦与《宁古塔山水记》和《域外集》。

张缙彦（1599~1670 年），字坦公，河南新乡人。他在明朝末期的官场上已经升至兵部尚书，然而在 1661 年（顺治十八年）在某些事件牵连下，被流放至宁古塔。他本人比较喜欢浏览名山大川，来到东北地区以后，他在游览过程中发现很多地方未命名，于是他开展了实地调查研究活动，按照自身浏览各地景物的顺序，记载了不同地区的特产以及风俗习惯。他只要是遇到了没有命名的山水，便会按照本地情况进行命名，或者另附新字，例如泼雪泉、白石崖等。历经多年记录，他终于编制完成了描写东北地区山水的首部著作，其中涉及到了 22 篇内容，并在杂记当中提及到了本地区的特产物品以及人们的风俗习惯，另外 21 篇内容当中涵盖了 4 篇描写城市以及小镇的内容（例如石城、新城、东京、兀喇）；1 篇有关乡村的内容（例如交罗）；4 篇有关河流的内容（例如马流河、萨尔浒、泼雪泉、河湾）；12 篇有关山脉的内容（例如宁古台、牧山、岸山、官道山、虎山、石河山、洞山、卧佛山、红山、呼郎山、白山崖、沙岭）。了解了其中内容以后可以看出，文章内容文采奕奕，内容通顺，能够体现出极高的研究价值。他写的散文集《域外集》也属于黑龙庄地区首部散文集，该文集内容共计 22 篇，文章内容非常优美，并且文学水平较高，其中《苍头街移镇记》当中描述了我国和俄国相互之间的关联性，并第一次让人们了解到了黑龙江口石碣地区，并编写了《岱史》和《天下名山胜概记》的有关内容。

E 吴振臣与《宁古塔纪略》

吴振臣，字南荣。生于康熙三年（1664 年），卒年不详。江苏吴江县人，其父吴兆骞1657年（顺治十四年）遭科场冤狱，遣戍宁古塔。吴振臣生长在宁古塔，对当地有较深的了解，晚年根据亲身经历，回忆往事著《宁古塔纪略》。吴振臣《宁古塔纪略》从多侧面详细地叙述了宁古塔的山川土地、生产、出猎、烧荒、物产、贸易、住宅、服饰和生活习俗。该地“春初至三月，终日夜大风如雷鸣电击，尘埃蔽天，咫尺皆迷。七月中有白鹅飞下，不数日即有浓霜，八月中即下大雪，九月中河尽冻，十月地裂盈尺，雪才到地，即成坚冰，虽向日照灼不消。”土地肥饶，五谷俱生，唯无稻米，四月初播种，八月内全都收回。特产有人参、貂皮、乌拉草。乌拉草生长在近水处，细长温软，用以絮皮鞋内，虽行冰雪中，脚不知冷，皮鞋名曰“乌拉”。宁古塔所有的村庄，满人居者多，汉人居者少，满汉和睦。每年四季经常出猎打围。有朝出暮归者，有两三日而归者，谓之打小围。秋天打野鸡围，仲冬打大围，按八旗排阵而行。成围时无令不得擅射，二十余日乃归。所得有虎、豹、猪、熊、獐、狐、鹿、兔、野鸡、雕羽等物。猎犬最猛，有能捉虎豹者。虎豹颇畏人。惟熊极猛，力能拔树掷人。野鸡最肥，油厚寸许。宁古塔人吃盐很困难，要到七百里以外的朝鲜会宁府购买。吴振臣以笔记形式载述宁古塔地区多方面的情况，虽然没有以地方志命名，实有地方志的诸多因素。

F　《宁古塔口头文学》

《宁古塔口头文学》，是流传在我们黑土地民间文学中的民间口头文学，它是历代劳动人民在长时期生产和劳动中创造出来的，具有鲜明的地方特点，是民间文学瑰宝。为抢救和保留民间这一非物质文化遗产，使这些方言俗语传承弘扬下去，搜集整理出地方土语、民间谚语、歇后语、林业行话、劳动号子、歌谣汇集、满族语言、满族称谓等八大部分。在这些民俗语言、民间歌谣中，都凝聚着黑土情结，显示着白山黑水的地域特色，显示着鲜明的民族特色，显示着宁古塔区域莽莽林区的时代特色；劳动号子和民歌民谣，是各族人民在各时期现实生活和斗争的真实写照，记录着生活在宁古塔区域内历史，彰显了传承历史的特色。

5.4.3 民间历史文化习俗

5.4.3.1 地方历史文化风俗与民间礼仪

A 满族民居

院内有影壁，立有供神用的“索伦杆”。满洲族传统住房一般为西、中、东三间，大门朝南开，西间称西上屋，中间称堂屋，东间称东下屋。西上屋设南、西、北三面炕，西炕为贵，北炕为大，南炕为小，来客住西炕，长辈多住北炕，晚辈住南炕。祭祀用的佛爷匣子放在西炕，有的人家北炕有蒙古神。

B 爬犁

爬犁是满族先人在长期的冰雪环境生产、生活中发明的一种工具，有上千年的历史。爬犁一般分狗拉爬犁和马拉爬犁，是宁古塔冬季山区的交通工具。一般由木板制成宽板凳的形状，板凳底部加上铁丝，在冰雪路面滑行速度非常快。打爬犁现在是牡丹江市儿童冬季重要的户外游戏活动。

5.4.3.2 民间历史文化节庆

A 满族祭祀

后金开始，满洲人每年秋季会祭祀祖先，也叫“跳家神”，现在宁古塔仍有几十个满族家族延续了这一习俗，并作为家族的一种节庆活动，每三年或五年举行一次，全体族人参与。祭祀仪式由察玛主持，祭祀对象因家族传承而不同，主要祭祀对象有佛爷、上午神、下午神、星神、家神等，祭祀的供品包括黑毛猪、满族传统黏食、酒等，满族的各氏族请立的神祇也不尽相同，在形态上，有神偶、瓦丹、画像之分，材质上有高丽纸和索利条之分，祭祀持续时间一天到三天不等，也有祭祀七天的家族。满族祭祀家族分布在海林市和宁安市一带，家族人数众多，一气连枝，无法按照行政区域拆分。海林市海林镇永安村关志厚家族完好地传承了祭祀神调，保护了满族祭祀传承。

B 满族抄谱活动

清入关后，受汉族传统文化影响，康雍乾几代皇帝重视修谱，满族家谱也是官职承袭的重要凭证，宁古塔地区满文家谱世袭更迭，记录了约15~25代家族的繁衍。虽经历了“文革”，绝大多数满族家族仍保留了家谱。有的家族家谱满汉文兼有，有的家族由于族人不识满语，改为满语汉字记音。家谱有谱书和谱单之分，谱单一般只记载家族原住地、隶旗及移驻、抄谱人等简单信息，谱书的序记录内容较详细，与汉族族谱内容相差无几。凡抄谱，必祭祖。祭祀唱词和察玛缺失的满族家族，无法跳家神，选择“磕哑巴头”，也就是只磕头，不跳神的方式来祭祖，祭祖后进行抄家谱活动。所谓满族抄谱就是把原谱图表重新抄写一次，再把现在没上谱图表的族人名字添上，对此前去世的用黑体字勾上。在世的用红字添上。常规是男子的全名上谱，妻子以姓氏上谱，女儿不上谱。随着现代社会形势的发展，女儿也上谱而且是全名。宁古塔旧城镶黄旗瓜尔佳氏（关姓）等户满族族谱脉络清晰，谱体保存完整，各类资料齐全，是难得历史资料。

5.4.3.3 民间历史文化演艺

A 吕氏鼓吹乐棚

汉族鼓吹乐是民间喜庆佳宴、祭祀奠礼、迎送礼宾和婚嫁丧葬场合最常用、最实用的一种地方音乐体裁。活跃在黑龙江省牡丹江市海林一带的吕氏鼓吹乐棚，源自山东莱阳鼓吹乐流派在本地的分支。清代吕氏家族随其祖辈走辽东，闯宁古塔，落地生根，发展至今。吕氏鼓吹乐棚的演出形式分“坐棚”、“走吹”和“卡吹”三种，其表演形式与明洪武初年山西洪洞“金鼓乐人”的演出一脉相传。

B 闹灯官儿

在中国历史上，火祖庙、火神会、社火三位一体，灯官出自社火活动中，是社火活动的一个表演项目。“闹灯官”的扮相和表演内容各地都有不同，各有各的特点，有的灯官黑袍素面，黑胡子，歪戴明朝县令官帽，官帽上贴着“槽头兴旺”的红联，还有的地方是红袍、红脸、红胡子，这就是火神爷的装束和扮相。清朝以后官府要求出灯官，就只好让火神爷的戴上灯官帽子，从而把出巡的火神爷和灯官合二为一了。宁古塔“闹灯官”，灯官必须是个踩高跷的能手，正月初一早晨上任，穿上官服，踩上高跷，坐在“官轿”上，到各地巡查节日举办具体情况。

5.4.3.4 民间历史文化健身活动与赛事

A 满族欻嘎拉哈

嘎拉哈是满语（galaha），汉语译过来是“骸骨”，宁古塔地区一般收集羊或者狍子的后腿的膝盖骨 4 个，加上一个布子，制成一套嘎拉哈。嘎拉哈共计四个面儿，并确定了不同名称，它们分别为“针儿”、“驴儿”、“坑儿”、“暴儿”，人们可以借用不同面进行组对，具体操作手法为“弹”或者“抓”。人们玩游戏时，还需要运用到口袋，口袋每个面的色彩不同，并且其中装满了黄豆或者苞米粒。人们在进行玩耍时，需要把口袋扔起，然后按照颜色抓取一样的嘎拉哈，并在口袋落地的同时接住它们。当男孩做游戏时，他们会称为打嘎拉哈，将这些骨头摆成一堆，然后用个人的嘎拉哈将其打倒，能够成功的可以把所有嘎拉哈拿走，未成功的需要再放入一个。而女孩玩游戏时，会在炕上进行，并会记录相关分数，第一步把嘎拉哈各个面全部翻一遍，获得不同分值，然后进行搬针，最终共同核算分值，高分数的为赢家。

B 踢行头

踢行头在清代十分盛行。冬季在冰地划界，两队队员脚蹬靰鞡，来往攻守，将行头（熊皮或猪皮缝制的圆月形绵软物，或以猪膀胱灌鼓为囊，形如今日之足球）踢入所划线中，得分多者为胜。目前海林镇永安村在农闲或过年时在海浪河的冰面上组织踢行头比赛，让古老的满族游戏活动焕发了青春。

5.4.3.5 特色历史文化饮食风俗

A 满族蝲蛄豆腐制作特艺

从古至今，宁古塔流域江河湖泊清澈透明，水质优良，所以生长的蝲蛄特别新鲜，无杂味，因此做出的蝲蛄豆腐更为独特鲜美，味道极佳，誉为佳肴尚品。所以受到清代皇帝的高度赞赏，也深受百姓的喜爱。蝲蛄豆腐是宁古塔满族先民在长期的生产生活中发明的。著名的宁古塔流人方拱乾著《绝域纪略》中载："有蝲蛄焉，身如虾，两螯如蟹，大可盈寸，捣之成膏，至今宗庙必需之，届期驰驿而进御。"这证明当时的蝲蛄豆腐已作为宗庙祭品。

B 宁古塔满族吃黏食习俗

满族吃黏食自古既有，早在我国西周时代北方的肃慎人（满族先人），就已开始粟（糜子），满族黏食从民间进入宫廷，又从宫廷转到民间，可以说黏食是满族饮食习俗的典型代表，也是满族的民族象征，只因满族人吃黏食要发酵，而发酵的奇特气味被汉人称之为"臭糜子"。满族祭祀时的主要供品都是黏食。

6 宁安市历史文化旅游资源

6.1 宁安市历史遗址遗迹

6.1.1 史前人类活动场所

6.1.1.1 人类活动遗址

A 湖沿遗址

湖沿遗址是位于镜泊湖中段湖沿屯西侧湖边台地的一处旧石器时代遗址。出土石器全部属于大型的砾石工具类，有石锤、尖状器和手斧等工具，未发现具有晚期特征的磨制工具和陶器。根据对出土石制品类型和制作工艺以及具有时代特征手斧的研究，初步推断湖沿遗址的年代要早于海浪河流域的几处旧石器遗址。手斧的出土，为黑龙江省首次发现。手斧被考古学界公认为人类的第一件标准工具，只有懂得三维立体的人类才可以制造出手斧。手斧的基本形状一般呈梨形，即一端略尖，一端略圆，而圆的一端常保留石料原自然面，以便手握。手斧是一种多用途工具，可以用来挖掘植物的根茎、加工木头，还可以用于宰杀猎物。湖沿遗址出土的手斧，原料为砾岩，硬锤制作工艺，整体平面呈梨形，截面平凸，两侧边刃经过修整片疤深，一端较宽厚，表面保留原始胎面便于把握，另一端刃部，有长期使用痕迹。通长 14 厘米，最宽 13.8 厘米，厚 4 厘米，重 900 克。器形及加工技术与早期手斧评定标准一致。湖沿旧石器时代遗址的发现，为研究牡丹江地区旧石器时代人类活动规律和生存方式及文化面貌提供了珍贵资料。尤其是手斧的发现，填补我省手斧发现的空白，使我国手斧分布范围推到祖国的最北省份。

B 民主西山遗址

民主西山遗址位于宁安市石岩镇民主村西山东南山脚坡地处，西距农场第四小队至卧龙河水库公路 500 米，东距民主村 1000 米，海拔高度 396 米。遗址面积较小，东西长 40 米，南北宽 20 米，总面积 800 米。民主西山遗址曾遭遇 1958 年修筑水渠、1966 年修梯田和 2007 年加固水渠三次严重破坏，多处文化层被扰动。通过遗址断面观察，遗址可分为三层。第一层表土层，黑色土，土质疏松，厚 20 厘米左右。内含少量陶片、石器等遗物，应被扰乱下层而至。第二层文化层，黑褐色土，土质紧密，内含小石子，厚 70~90 厘米，内含大量陶片、石器和兽骨，并有一定数量的炭灰。第三层生土层，浅黄色土，土质较黏，不见遗物。民主西山遗址陶器陶质都较松软，器壁较薄，器沿流行钻孔，陶色都存在有黄褐色、灰褐色和红褐色，大多为刻划短斜纹组成的“之”字形纹饰，已经有了石斧、石磨盘、石磨棒、鹿角锄等农业工具。

6.1.1.2 文化层

A 莺歌岭遗址

莺歌岭文化是牡丹江区域肃慎人的文化遗存，遗址位于镜泊湖的南湖头，三面临湖，一面依山，因湖水的冲刷，使岭脚形成了盆地，在沿湖的岸边，到处都散布着陶片、石器、骨器。莺歌岭文化遗址，早在 20 世纪初就引起了中外考古学者的重视。1931 年和 1939 年，俄国人和日本人都曾来镜泊湖地区进行过调查，对湖区的一些地方还进行过发掘。新中国成立后，黑龙江省有关部门针对镜泊湖地区、牡丹江沿岸开展了多次的考察活动，发现了多处新石器时期文化遗址。1963 年，考古专家张泰湘等人对莺歌岭遗址进行了发掘。发掘得见，莺歌岭遗址可分上下两个文化层，上层遗物经碳 14 测定，距今年代为 3000 年左右，相当于中原殷周时期，下层文化距今年代为 4000 年左右。那时，居住在镜泊湖一带的肃慎人就已经和中原发生了联系，向中原王朝朝贡。出土的鹿角锄，长 23 厘米、宽 4. 2 厘米、锄嘴长 7. 6 厘米，鹿角一端加工成钝尖，中间凿一长方形銎，鬓的两侧各穿一孔，可楔钉固定锄柄，是我省迄今发现最早的农业锄具工具，被学者们荣称为“黑龙江第一锄”。除上述几种农业工具外，在莺歌岭上层遗存中用于农业生产的还有磨制精细的石斧、石锛、磨盘、磨棒，磨制的石斧、石锛同样是重要的农业生产工具。石刀有长方形和平背弧刃形两种，平背弧刃形石刀明显是用于收割谷物的，并且已经开始运用磨盘、磨棒，这代表当时的人们已经可以对农作物进行脱壳，并将其压碎成粉末。另外，该地区在被考察的过程中发现了很多古代陶塑动物，其中涉及猪、狗、熊等，数量最多的是陶猪。在不同遗址当中，研究人员还发现了很多野兽骨头，但是多数都为猪骨。可见，猪是当时人们非常关注的动物，并已经运用种植农作物的方式来饲养它们，这代表当时的农业生产发展状况良好。

B 大牡丹遗址

1960 年 6 月，我国相关部门组建了考察队对大牡丹遗址进行了实地考察。遗址坐落于宁西乡大牡丹村南的牡丹江北岸，并处于 250 米长的台地上，西侧紧邻红石砬子山，南侧靠近江边。历经多年的水流冲洗，江岸已经出现了 500 米长的天然断层。

该遗址中蕴涵了不同文化层，共计两层：第一层能够显示出渤海、辽、金时代的遗迹，并附带了新石器时期的物品；第二层为新石器时代的物品。可见，此处曾经生活了原始人，并且渤海、辽、金、明、清各个时期都曾经居住过满族人。通过观察物品能够看出，当时主要开展了农业生产活动，并且人们时常捕猎动物。

6.1.1.3 文物散落地

文物散落地见表 6-1。

表 6-1 文物散落时代及位置

序号	名 称	时 代	位 置
1	莺歌岭遗址	新石器	镜泊湖南端莺歌岭东北侧
2	白灰厂遗址	新石器	城东乡砖场东侧

续表 6-1

序号	名　称	时代	位　　置
3	湖南遗址	新石器	镜泊湖南村湖边台地
4	珍珠门遗址	新石器	镜泊湖珍珠门南北湖湾

6.1.2 社会经济文化活动遗址遗迹

6.1.2.1 历史事件发生地——宁安山东会馆

同闯关东，既是同乡又是同族、同宗，必然会有亲情，尤其在东北闯出一番事业，有了谋生之地，生活富足之后，必然会在同乡中产生很大的影响。同宗同族同村的乡亲看到老乡在外面发达了也会千里来寻找同乡，以求谋生之道，这就是他乡遇故人的惊喜，也是共谋生计的召唤。宁古塔的外乡人成立了山东会、山西会和直隶会。这三个会馆有两个建在城中西部，相传山西会馆曾设在城中关帝庙内，而直隶会馆因旧城改造老建筑不断拆除，也无法确定其准确位置。这三个会馆中最大的就属山东会馆，其位置就坐落于宁古塔新城（今宁安）的东北处，周围还有很多土地都归山东会馆所有。宁古塔的山东会馆，起于康熙末年。今天在宁安市渤海镇兴隆寺内，保存着一个外形酷似香炉的鼎，是宁古塔的山东会馆于清宣统三年（1911 年）所铸。在这个巨大铁鼎的铭文中记载着山东会馆及义地（墓地）的历史，虽然其内容是记录山东会馆买地葬流民，同时又要求保护其山东人墓地的完整，但从中还是带给我们许多信息。如果按此时间推算山东会馆成立应为康熙五十年（1711 年）左右。今天看到的山东会馆，应为乾隆以后的建筑，目前保留有大殿（正房）、西厢房，还应有东厢房、门房、大门、客房等其他建筑。经历着岁月的打磨依然屹立。宁古塔的山东会馆，记述着山东、河北、山西三省百姓，千里跋涉，来到脚下这块神奇的土地，与本地人民共同开发边疆的历史，见证着这段凄凉又壮丽的往事。

6.1.2.2 军事遗址与古战场

A 城墙砬子山城遗址

镜泊湖畔的这座古城是上京龙泉府守所辖湖州的治所，渤海国时期的军事城堡，后代亦可能沿用。它位于镜泊湖中部，小孤山西南的岸上。古城依山势而筑，城墙多沿山脊起伏，大部段落为石块修筑，少部段落为填土堆筑，平面呈不规则形状。东南两峰间的坡地沟谷置大段土筑墙体，谷底处有一城门，外设瓮城，可与山下湖岸相通。西北山脊土墙段，亦有一门址，有山路通往山下，是山城之陆路。今墙尚存高度多在 1.5~2.5 米，最高处有 4 米余。城内山中均有一正方形套城，周长 93 米，系土垒筑，可能为近代人所为。

B 沙兰镇西营城子遗址

西营城子坐落于沙兰镇当中，具体位于牡市军马场 15 连驻地东南偏东 500 米的位置。古城墙修筑在山丘顶层的南侧，整体地势北部较高、南部较低，周围属于丘陵地貌。古城整个平面类似于梯形，运用了夯的方式建造，整个周长共计 631 米。整个城池保存完整，城垣最高处今仍有 5 米多。南墙东部能够找到城门，外侧设置了瓮城，中间是半径接近十米的大马面。在城墙的视角位置建造了较高的承诺。北城墙处找到了一大豁口，可能是门址，北墙外有双重护城壕，其间有土堤相隔，似两重城垣。在城内曾采集到兽面瓦当、布纹瓦片、石日、轮制灰陶片和器物口沿等金代遗物。

古城整个平面类似于梯形，运用了夯的方式建造，整个周长共计 631 米。东边长度共计 110 米，目前留存高度为 1.5~2 米；南面长度共计 211 米，目前城墙高度为 2 米；西侧共计 140 米，目前高度 2.5 米；北面共计 130 米，城墙目前高度 2~2.5 米。

城址遗留保存情况较好，只有北侧的大门已经被严重损坏，并且南城外面还设置了瓮城，丈量整个外圈发现，其周长数据达到了 70 米，其东侧城墙大门宽度达到了 1.5 米；北侧城墙门目前宽度为 8 米。城墙外面设定的护城河共计两道。而城边壕的深度达到了 1 米，宽度为 3 米到 10 米，外壕深度接近 0.5 米到 0.7 米，宽度达到了 2 米。

西营城子古城属于渤海或者金代建造的攻守建筑，目前宁安地区发现并能确认的辽金时期城址为数甚少，保存如此完整的城池更为罕见。

6.1.2.3 交通遗迹——德林石古驿道

在镜泊湖瀑布以西，沿着从瀑布村通往火山口森林的公路23千米处右侧，有一条早已废弃不用的乡间野道。这条废弃的道路路面十分坚硬，整个路面全是石质的，而且它不是用千块万块石头或石板铺成的，连同两侧长着稀疏树林的荒原一起，是浑然一体的一块庞大无比的大石板。如此之大的“石板”自然是自然天成的。原来，它们也是一万年到五千年前，镜泊湖火山爆发时的产物。镜泊湖周围十二个火山口相继爆发，喷发出数以千万吨烈火熔岩，阻断了牡丹江，形成了镜泊湖，在今天的宁安市西南张广才岭南麓原野上流淌、凝固，形成了大面积的熔岩台地。火山熔岩凝后形成一种特殊的石头，学名称为玄武岩。在牡丹江中游下游地区，古代的女真人、满人把它称为德林石，意思是多棱多角的石头。因为玄武岩多孔，打碎后总是多锐角之故。后来的当地人因它的颜色有黑有褐，叫它青石、紫石。因为这大片熔岩台地位于牡丹江—镜泊湖以西，宁安人叫它西石岗子。这条废弃的道路正是在熔岩台地上，是千百年来无数牛车马车的铁轱辘，无尽无休地碾压碾磨，才在熔岩台地上压出车辙沟、磨出车辙印痕。清代初期著名学者杨宾，曾先后两次往返宁古塔经过这里，有感于德林石的奇异，把德林石写入他的著作《柳边纪略》里，并写了一首五言诗《德林石》生动地描写了德林石——包括这段古道在内的熔岩台地的景色，以及作者本人或乘车或骑马走过其上的感受：四臂围德林，二十里平如掌。铁色蚀土花，陶铸一何广。变态极千端，寒光凝万象。玲珑有鬼工，登顿腾异响。洞壑积层冰，草木犹能长。不因车马迟，何由独欣赏。杨宾到江南后写出的《柳边纪略》意义重大，较详细地记录了古代东北地理形胜、社会经济、文化、民族、交通、民风民俗诸方面，十分宝贵。其中在卷二里列出了“自京师至宁古塔”所经的山岭河川、村镇、驿站。这个“德林”也在其内，前为“必而汉必拉站”，后为“二十里沙阑站，四十里至兰旗沟，四十里至宁古塔”，恰好就是这段古道。

6.1.2.4 废城与聚落遗迹

A 渤海国上京龙泉府遗址

渤海国是我国唐至五代时期东北地区的一个地方民族政权。它是以我国东北地区的古老民族靺鞨族粟末部为主体，联合一部分高句丽遗民，在当时中国东北的广大地区（包括现在俄罗斯沿海州和朝鲜北部的一部分）建立的政权，是唐朝856个羁縻府州之一。渤海国自698年建国，至926年灭亡止，计传国15世，存229年。以上京龙泉府（今牡丹江市辖宁安市渤海镇）为都160多年，发展至鼎盛阶段，被誉为“海东盛国”。渤海三世文王大钦茂于755年将王都迁到上京龙泉府以后，渤海社会的政治、经济、文化都得到迅速的发展。

1933年发现此遗址，位于牡丹江中游东京城盆地西北部，今宁安市渤海镇即在古城之中。上京城外城周长16.3千米，总面积16.4平方千米，现存城池基本完整，呈东西向的长方形。宫城、皇城、郭城层层环套，明显具有唐都长安城形制特征。宫城内五重殿址南北排列，石筑台基及廊庑隔墙遗迹清晰规整。皇城城墙土石混筑，周长约4.5千米。其东部有御花园遗址，水池、假山、亭榭、殿宇等各种遗迹至今犹存。郭城由土石混筑，周长约18.5千米。街屋坊市虽已不详，但各种建筑遗迹仍可辨认。尤其是寺庙遗址，今仍有高大的台基和础石突出地表。1964年3月4日，经国务院批准，渤海国上京龙泉府遗址被列为全国第一批重点文物保护单位。

B 城子后山城遗址

城子后山城坐落在镜泊湖瀑布东侧，山城的东、西、北三面为山崖峭壁临江而立，构成了山城的天然屏障，无明显的城垣遗迹，南城垣依山势筑有双重墙体，外侧墙体由西部江边山崖外起，基本呈东西向延伸约200余米至现代道路处折向东北，过路向东在一深沟南侧消失；内测墙体距外墙北约100米，亦由西部江边山崖处始向东延伸，内外两侧为山谷，谷渐深渐宽，最后合拢。墙亦止于西沟汇合处的山脊上。越沟东部江边也有一段墙体，由江边向西北伸展50余米，基本与沟对岸墙呈平行状。双重城垣外侧均有10余米宽的护城壕遗迹。墙体为土筑，夹有石块，断面上可见夯迹。城墙保存较好，现仍高于城内地面2米左右，高于城外地面近5米。城内还有中墙一道，现高约1米，横贯山城东西，将山城隔为南北两半。在现代道路豁口西侧有十个20米见方的套城置于中墙内侧专称为“水牢”。

城子后山城是金末叛将蒲鲜万奴所建的东夏国（1215~1233年）城池遗址，迄今能够认定的东夏遗迹甚少，牡丹江中游地区仅此一处，故城子后山城更显其重要的历史与科学价值。

C 东康遗址

位于宁安市城东乡东康村东1千米，马莲河左岸的二级台地上面，具体位置在东京城盆地的东南方位，属于战国时代到魏晋时代建造的建筑。

1964年4月黑龙江省博物馆对这处遗址进行清理，发掘面积200余平方米，清理出房址4座、灰坑6个、墓葬1座。出土一批陶器、骨器、石器、蚌器等文物标本。1983年秋，在遗址断层中发现一件完整的桦皮矢箙，内装数10支青石磨制的细长石镞并有木质箭杆，很可能是我国古籍记载的“楛矢石砮”。

东康遗址分布面积较大，约有25万平方米。遗址中出土的碳化物，经碳14测定年代为公元315±85年。经分提效应校正的年代为公元前70±105年。依据考古类型学的宏观比较研究，基本认定东康类型在年代上是相当于战国末至魏晋时期的文化遗存，存在时间近千余年，并可划分出早晚不同的几期，是黑龙江省东部山地中一种非常重要的考古学文化遗存。

D 南城子古城遗址

南城子古城位于牡丹江中游右侧支流勒勒河的一级台地上，西南距牡丹江市区四十余里，西距桦林镇十余里，城址北侧是南城子村。城址长方形，东西宽450米，南北长580米，周长2060米，方向南偏东10°。西墙、南墙和北墙西段保存较好，基宽8~10米，最宽处可达12米，高1.8米，北墙最高处达2.2米。大部分为夯筑，个别段落土石混筑。三面墙外尚可看出城壕遗迹。东墙基本无存，勒勒河紧靠城址东侧向北流去十余里，与板院河（俗称北大河、亮子河）合流，然后折向西北注入牡丹江。城址南北各开一门。城内已垦为耕地，尚显露出不少凸起的土台，当是原建筑遗址，采集的遗物有莲花瓦当、板瓦、筒瓦和不同的陶片。在城址东南、西南不远处皆有渤海墓葬，其中东南方的石场沟墓葬已进行了发掘。

E 沙兰镇东营城子遗址

东营城子坐落在沙兰镇古井城村（程家烧锅）北侧 2.5 千米的位置，也被称为“高力城”。城址地貌情况为，西面较高，而东面较低，整体显示为长方形。城内偏南位置建造了一个深沟，其深度非常深，具体数据接近 5 米，而宽度上已经达到了 8 米。经过观察大门可以发现，它只设定了东门，该门的宽度也最大，具体数据达到了 10 米，而且在外面设定瓮门，其直径达到了 30 米。1976 年 1 月，居住在本地的农民在劳作过程中拾到铜印（5.7 厘米×5.7 厘米），上面篆刻了古文，应该属于官方的印章，目前已经送往本地文物管理局进行保管。

F 古代废城及聚落遗址

古代废城及聚落遗址见表 6-2。

表 6-2 古代废城及聚落遗址

序号	名　称	时代	位　　置
1	钻心湖遗址	早期铁器	县虹鳟鱼场南山脚下
2	王油房遗址	早期铁器	镜泊乡曙光村北 2.5 千米处
3	北安遗址	早期铁器	杏山乡北安村北江边台地
4	后桦树遗址	早期铁器	沙兰乡后桦树东北山顶
5	渤海砖场遗址	早期铁器	渤海镇砖场东侧
6	背河遗址	早期铁器	镜泊山庄背河桥东
7	西安村东遗址	早期铁器	渤海镇西安村东
8	西安村西遗址	早期铁器	渤海镇西安村西
9	西安村北遗址	早期铁器	渤海镇西安村北
10	上官江北遗址	早期铁器	渤海镇上官村北

续表 6-2

序号	名　称	时代	位　　置
11	红岩北地遗址	早期铁器	渤海镇红岩村东北台地
12	腰莲花遗址	早期铁器	渤海镇腰莲花村南河边
13	响水西遗址	早期铁器	渤海镇响水村西南江边
14	沙兰遗址	早期铁器	沙兰镇东小河北岸台地
15	木其东南遗址	早期铁器	沙兰镇东小河北屏台地
16	三陵遗址	早期铁器	三陵乡东、江左二级台地
17	西崴子西南遗址	早期铁器	三陵乡西崴子西南石河左岸台地
18	西崴子南地遗址	早期铁器	三陵乡西崴子南三角台地
19	东崴子遗址	早期铁器	三陵乡东崴子村南台地
20	东康遗址	早期铁器	城东乡东康村车水渠东西
21	牛场遗址	早期铁器	东京城镇牛场村西南台地
22	哈达砖厂遗址	早期铁器	哈达村北江边台地
23	光城遗址	早期铁器	城东乡光城村南
24	平顶山 3 号遗址	早期铁器	城东乡土城子村平顶山
25	平顶山 2 号遗址	早期铁器	城东乡光明桥南 300 米处
26	白土砬子遗址	早期铁器	城东乡光明村南 500 米处
27	光明东遗址	早期铁器	城东乡光明村东侧
28	桥西遗址	早期铁器	下马河公路桥西 500 米处
29	胜利遗址	早期铁器	马莲河入牡丹江口左岸台地
30	江沿遗址	早期铁器	兴华乡江沿村西江边
31	三道湾遗址	早期铁器	卧龙乡三道湾村东河边
32	杏花遗址	早期铁器	卧龙乡杏花村东河左岸
33	大牡丹遗址	早期铁器	宁西乡大牡丹村南江边
34	东升遗址	早期铁器	兰岗乡东什村西南河边
35	新农遗址	早期铁器	兰岗乡新农村西南河边
36	热水坑遗址	早期铁器	沙兰镇洋草沟村东熔岩台地上
37	宝山遗址	早期铁器	江南乡宝山村西
38	太平沟遗址	渤海时期	杏山乡太平村北江右台地

续表 6-2

序号	名 称	时代	位 置
39	上官地遗址	渤海时期	渤海泡东北角假山上
40	响水团遗址	渤海时期	渤海镇响水村南江边
41	西安水渠遗址	渤海时期	渤海镇西安村东干渠东侧
42	上官遗址	渤海时期	渤海镇上官村西北江边
43	白花遗址	渤海时期	杏山乡白花村西大顶子山坡
44	三陵东遗址	渤海时期	三陵乡东小河东岸
45	东沟遗址	渤海时期	三陵乡东沟村南小河东岸
46	平安遗址	渤海时期	平安乡南牡丹江边
47	城墙砬子山城	渤海时期	镜泊湖中段西岸
48	重唇河山城	渤海时期	镜泊湖宾馆对岸
49	西湖嘴子山城	渤海时期	镜泊湖水产养殖场西南
50	褚家古城	渤海时期	杏山乡褚家村东 8 千米处
51	江边圆城	渤海时期	渤海镇拐弯子村南江边
52	五峰古城	渤海时期	镜泊乡五峰村西北台地
53	上屯古城	渤海时期	杏山乡上屯村西南江边
54	东崴子古城	渤海时期	三陵乡东崴子屯北
55	牛场古城	渤海时期	渤海镇牛场村西南江边
56	土城子古城	渤海时期	城东乡土城子村
57	前独木河古城	渤海时期	石岩乡前独木河子向前村
58	大牡丹古城	渤海时期	兰岗乡大牡丹村南江边
59	杏花村古城	渤海时期	卧龙乡杏花村南
60	南湖头小城子	金代	镜泊乡湖南村北
61	岱王山古城	—	江东乡岱王山山顶

6.1.2.5 长城遗迹

A 镜泊湖边墙

镜泊湖边墙西端起自镜泊湖湖中段小孤山和城墙砬子对岸的湖边。由此开始墙体沿湖畔山坡顺山脊北侧伸向山顶，依山势起伏伸延，至东京城通往敦化公路北的断崖（山崖系因修公路劈山而形成）止，为边墙西段。过公路、越荒沟，边墙又自坡下始顺山坡而继续向东南延伸，达640米高程山顶后下山遇沟，又延沟北而上，直达700多米平缓山顶而止。

镜泊湖边墙墙段全长有4500多米。西段除湖岸有堆石外，其余部分全部为土筑，每隔80米有马面略突出墙体。东段土、石墙相间，亦有土石混筑段落，以土墙为多并有马面。石筑段区域保存较好，高2米左右，基阔1.5米，顶宽0.5~0.8米。

B 江东边墙

江东段边墙分布在宁安市江南乡江东林场南部山地的山顶和山岗上，整体呈东南—西北走向，东端起自宁安市江南乡永泉村东南6.8千米中山区的山顶上，西端止于江南乡缸窑村西南1.8千米牡丹江右岸的江边台地上。江东段边墙全长22余千米，历经宁安市江南乡永泉村、四方村、永乐村、斗沟子村、江东林场、缸窑村，调查段落总计35段。该段墙体没有附属单体建筑，没有相关遗存，有相关城堡岱王山山城，位于缸窑段墙体北约3.1千米的岱王山山顶上。从北向南地理位置上看，岱王山山城和江东段边墙构成第二道古代军事防御线，用以封锁牡丹江右岸的交通。

6.2 宁安市历史建筑与设施

6.2.1 历史人文旅游地（宗教与祭祀活动场所）

6.2.1.1 镜泊湖药师古刹

药师古刹坐落在镜泊湖山庄码头南侧的龙泉山上，占地面积10000平方米，建筑面积2600平方米，规模宏伟，是唐代东方药师佛七佛道场的复建。

6.2.1.2 兴隆寺

俗称“南大庙”，位于宁安市渤海镇西南。原址为唐代渤海国寺院址。金代亦曾于原址修建佛寺，名为大佛寺。现存的“兴隆寺”始建于1722年（康熙六十一年），院落南北长142米，东西宽63米。院内在南北中轴线上排列有五层殿宇。由南向北分别为：马殿、关圣殿、天王殿、大雄宝殿、三圣殿。其中大雄宝殿建筑最具特色，属于中国传统的单檐歇山式斗拱建筑，前后三斗四拱七铺作，左右三斗四拱五铺作，四角有龙头昂和象面昂，整个殿宇结构严紧，恢宏壮观，是黑龙江省保存下来的斗拱式古建筑中最古老、最完好的一处。其余四殿均为硬山式建筑，虽不如大雄宝殿结构精细、气势宏大，但也属清初传统建筑之典型。寺院内三圣殿前，有渤海国时期的石雕巨作——石灯幢，三圣殿内有被“琢而小之”的石佛一座。

6.2.1.3 宁安清真寺

位于宁安市城内，始建于1716年（康熙五十五年），距今已有300多年的历史，是处较有名气的古寺，是清代回族商人传入伊斯兰教的产物。张广义和杨维平跋山涉水扎根于宁安，一路上筹集了许多经费，虽然是回族的商人身份，但是也将寥寥草木屋发展成了后世著名的清真寺。

1730年（雍正八年）回族集资重建清真寺（即宁安市委东侧现址）。其建筑结构以礼堂，附有楼亭遥殿及沐浴室，总建筑面积为1200平方米，布局紧凑，是一处比较完整的建筑群，东向，套院有圆门、月门。悄入大殿，可见“圣教惟真”和“达天俊路”等大字端然浮于那金光璀璨的牌匾之上，大殿上作龙凤呈祥御下飞行之状，并精心挑选银锡，细细粉刻遥殿楼顶。殿内乾坤万里，拱门与彩绘雕栏相映成趣，吊灯压顶照明清净之地，仔细品鉴，还可发现藏匿于拱门上的古兰经。大殿总面积达9580余平方米。宁安市人民政府于1983年将清真寺批准公布为地方县级的珍惜保护文物遗址。

6.2.1.4 西阁

时光追溯至1664年（康熙三年），昂邦章京镇守着“觉罗”之地，后改名为宁安城，曾居住着女真部落。福建原籍的陈充朗离开京师大佛寺，而后以静经之称安于宁安城西江涯边的草庐。

又两年，经与巴海将军和安珠瑚副都统的商议，考虑到旧街的不便，决定将将军衙署地址更换至宁安城。搬迁的费用由崔某提供，然后对原草庵进行改造修缮，精心维护观音阁的雕栏玉砌，并取名作“西来庵”。而夏天一至，松柏挺拔，西子闭月之景引得游客纷然而至。不久，将西阁进行改造，增加了阁制、禅堂、山门各3处，河伯神祠、天仙圣母祠、钟鼓楼各1处，以及还增加了8处配庑，静经还曾给山门作了一副对联，上联是“寺依峭壁禅堂静”，下联是“楼近长江鼓漏清”，上书横批曰“西来圣庵”。宁古塔把阴历时期的四月十八日定为庙会节，并在当天举办许多节日活动，十分有趣，然而现在西阁已经不复存在。

6.2.2 单体历史文化活动场馆（历史文化展示演示场馆）

6.2.2.1 渤海上京遗址博物馆

中华人民共和国国务院提倡重点文物保护，并在1961年3月4日发布了有关名单，而黑龙江省宁安市渤海镇的中世纪文物保护完整性居全国首列。且黑龙江省渤海镇为保护文物做出了巨大贡献，于1985年2月份，成立了上京遗址博物馆。渤海国位于我国东北部，并发现了珍贵的龙泉府遗址，而渤海国主要被当时的地方民族政权所侵占，其中靺鞨族人最多，于公元713年受到大唐的册封，经过多年的糅合发展，然926年毁于契丹。黑龙江省渤海上京遗址博物馆馆藏文物451件，大部分为上京遗址出土渤海建筑材料及礼佛用品。博物馆从事对渤海国的历史勘查工作，以及确保上京遗址各文物的完整性，发表了《渤海上京龙泉府遗址简介》等。

6.2.2.2 马骏纪念馆

古城宁安的另一项著名风景，则是依着牡丹江边的马骏纪念馆，岸边杨柳依依，风光和煦。1995年8月份，马骏纪念馆正式对外开放。建筑面积1448平方米，占地面积8000平方米。邓颖超生前为纪念馆题写了馆名。马骏生平事迹展通过实物、创作画、大型灯箱画、照片、圆雕、浮雕、沙盘、硅胶人场景再现、影视厅循环播放文献片、各级领导人题词，生动翔实地再现了马骏烈士的革命生涯和党和人民对他深切的缅怀。

6.2.3 历史文化景观建筑与附属型建筑

6.2.3.1 楼阁——望江楼

望江楼原名抱江楼，坐落于宁安镇西南部的牡丹江边，今宁安市第二中学的东南角。

望江楼建于钦差大臣吴大澄之手，受副都统容峻所授意，在1882年（光绪八年）间彻底竣工，当时建造的是一封闭式的庭院，除望江楼外，还建有大门、卷棚顶二门、花墙、拱形角门以及正房五间、东西厢房各三间等，已形成建筑群落。整群建筑全部采用“磨砖对缝”的技法，设计布局精细考究，并多处饰有砖雕图案。

1900年（光绪廿六年），俄军侵入宁古塔城，该建筑群落大部被焚毁拆除，望江楼也遭严重破坏。望江楼属中国古建式硬山卷棚顶两层楼阁建筑。通高7.54米，东西长8米，南北宽6.45米。一层北面开门，北墙为圆窗；二层有前廊后厦，北侧有木构走廊和楼梯。原楼墙上有许多砖刻浮雕图像，今多已无存。

6.2.3.2 历史文化建筑小品

A 湾沟二十四块石

临近镜泊湖的东南岸有一条东西向的山谷，称为湾沟。山谷中有松乙河从西向东流注入镜泊湖。逆河东行约8千米，有宁安县镜泊乡河北村坐落于山阳坡地上，在该村之东2千米、松乙河右岸约500米处的凤凰山脚下，有一片榆树、桦树、柞树相间的林地，独置于耕地中，远远望去郁郁葱葱，这就是湾沟二十四块石遗址所在地。

经实测，遗址有东西向的3排大石块，每排8块，共计24块。

石块为柱状体，平面多呈六角形，有3块为五角形。石质全部为玄武岩，石柱棱角分明且较锐利，明明显系由人工修凿所致。二十四块石的每块大小基本相同。柱面大者55厘米×65厘米，小者55厘米×60厘米，高平均约80厘米。排列基本等距，排与排间隔3.5米左右，石柱间隔65厘米左右。二十四块石柱全部安置在东西9.4米、南北7.8米的范围内。地表露出部分平均高约30厘米。在二十四块石柱的东、西、南三面有明显的宽约3米的堆土筑台遗迹，将北高南低的坡地填平。南侧高出地表约1米，形成东西长17米、南北宽14米的长方形台基。调查中，在石间、台基上及周围耕地中采集到一些灰色布纹瓦残件。其外观与渤海上京龙泉府出土的相似，但质地稍逊。除此，未发现更多与二十四块石有关的遗物。

二十四块石遗迹在今黑龙江省、吉林省境内已有多处发现，一些学者曾提出看法，见解不尽相同。但对其年代问题的意见却是一致的，即属于唐代渤海国时期。大多认为应属建筑遗址，在其用途作用等问题上则解释不一。经这次实测发现，在呈平面排列的4块四角柱石上，均有明显的圆形凹窝，直径在15厘米左右，作为主柱之用已无可怀疑。这更进一步证明二十四块石是建筑础石，其上应有结构为木柱和瓦顶的建筑。在松乙沟口的房身沟屯北，以及在相邻的吉林省敦化市境内的牡丹江右岸已发现4处与此完全相同的二十四块石遗迹。将其连贯考察，可形成一条从渤海国上京龙泉府（今宁安市渤海镇）通往旧国（今吉林省敦化市）敖东城的陆路路线。这种特殊建筑可能与这条通衢大道有关。

B　三道亮子

宁古塔第五世协领瑚满的四女儿，名“黑妃”，曾被康熙帝收封为贵妃。清廷因其娘家向以捕鱼为业，便利用巨石横江的天然形势，为其修造了三道捕鱼亮子。因系用黑色玄武岩垒筑颇为坚固，当地人称为“三道铁亮子”。

牡丹江中的3道亮子，头道、二道已被冲毁，唯有第三道亮子的石坝虽经300余年的江水冲击，仍横卧江中，气势不凡，景致秀美，已成为宁安市著名古迹形胜之地。

C 渤海国石灯幢

位于黑龙江宁安市渤海镇西南的兴隆寺院内，是唐代渤海时期保留下来唯一完整的大型石雕，原高 6.4 米，因塔刹损坏，现高 6 米，是用玄武岩雕琢叠筑而成。由塔刹、相轮、塔盖、塔室、莲花托、中柱石、莲花座和底座等部分组成。塔盖形似亭榭，八角攒尖，雕刻盖脊和瓦垄。塔室镂空，亦为八面体，与塔盖相接处雕刻斗拱，具有中原木构特点。塔室八面雕刻长方窗孔，其上又有小窗孔。中柱石之上的莲花托是仰莲，之下的莲花座是覆莲，均刻三瓣花片，层层重叠，犹如巨莲盛开。雕刻细致，刀法娴熟，敦实古朴，巍然壮观，是渤海国代表性石刻珍品。

D 吴大澂驻马石

宁安市清代遗留刻字石——驻马石，是清代晚期著名古文字学家、金石学家、书画家、篆书刻石家，吴大澂亲手书写并刻石。吴大澂先后多次路过此古驿道，他刻于 1885 年（光绪十一年）路过此地驻马。而后于 2004 年在镜泊湖瀑布周围勘查到了镌石，具体地址位于我国黑龙江省的宁安市沙兰镇二间村二道岭，方位偏西南向，距宁安市城 80 千米左右。其中有三种篆书立于山石上，第一种在中间部位写作“光绪九年八月太常寺卿吴大澂过此驻马”，第二种在左下方部位写作“十二年二月奉使勘界重过此山”等字样。顺二道岭往下而行，可在吉林省的乌拉驿路感受到著名的毕尔罕站风光，毕尔罕站全程长达一百四十里。塔拉站长达六十里远，经过敦化市雁鸣湖镇塔拉站村后，到达塞齐窝集与纳穆窝集之间的地带，也就是现在的张广才岭地区。这里原是宁古塔通往吉林方向去的必经之路，是行走在张广才岭中的主要驿道。2006 年夏将此驻马石从二间村东北 6 千米处的二道岭山林中，移至现今宁安市望江楼东侧安放，并用玻璃罩加以保护，以供大家观瞻。

6.2.4 历史文化居住地与社区（名人故居与历史纪念建筑）

6.2.4.1 望江楼

望江楼，原名抱江楼，位于宁安市西南江边公园内，该楼建于

1882年（光绪八年）。1999年黑龙江省人民政府批准公布为第三批省级文物保护单位。望江楼是清代宁古塔副都统容山（亦容峻峰），为迎奉督办边务的钦差大臣吴大澂所建。在目前黑龙江省存量不多的古建筑中，属保存较好、真实性较强的一处省级文物保护建筑。且设计美观、建造精良，体现出中国古代建筑的优秀文化传统和良好的建筑工艺、技术。小楼在不断变换的使用功能中，承载了大量的珍贵历史信息。因此，宁安望江楼具有较高的历史、科学价值和审美价值。尽管已形单影只，但仍不失为支撑今天的宁安市成为历史文化名城的重要物质遗存和文化景观。因此具有较大的社会价值。

6.2.4.2 张闻天工作室

宁安张闻天工作室拥有着著名的清代民居建筑，其四合院完整度非常之高，坐落在镇闻天街与新街的汇合地带，平均面积约1600平方米。四合院环境清雅，雕栏玉砌风貌十足，有着浓浓的江南风味，却又不失中原与塞北的大气。宁古塔大桥位于城南公园四合院的东边，与其遥遥相望，南边则依着著名的牡丹江，田园山水风光一览无余，令人心旷神怡，流连忘返。由于我国边疆地区文物出土程度不高，张闻天工作室的成立无疑吸引了社会群体的广泛关注。感受过张闻天工作室魅力的人无不对其啧啧称奇，特别是那大气悠远的景象与风貌，是世界上不可多得的自然瑰宝，也承载了旧居的情怀和历史，有利于推动爱国主义思想的普及。

6.2.5 归葬地

6.2.5.1 三陵坟

位于牡丹江上游左岸的丘陵地带，今宁安市三陵乡三星村东侧，是唐代渤海国时期上京龙泉府地区的重要遗存之一。黑龙江省人民政府先后于1961年和1981年两次公布为省级重点文物保护单位。

三陵坟遗存区现在只发现一座大墓，该墓葬为石室墓，由墓室、甬道、墓道三部分组成。墓室呈南北向长方形，长4.0米、宽2.19米、高1.9米，墓门宽1.46米。墓室前接甬道，甬道南为斜坡形墓道。墓整体呈“甲”字形。墓室四壁由玄武岩条石砌筑，墓顶为石筑叠涩穹隆顶，其上用大块玄武岩石板封盖后，堆大石块成冢。原应有封土，今已全部剥失。墓上地表原有柱基石四块，今只存三块。墓的周围散布着很多残瓦件，推测原应有祠堂或亭塔之类的建筑。墓四周原有石围墙，现西、北两面尚可见墙基遗迹，推断其整体应是一处陵园式建筑。三陵坟是渤海国时期为数不多的大墓之一，虽已多次被盗掘破坏，但仍不失为研究渤海史的珍贵资料。

6.2.5.2 洋草沟古墓群

位于牡丹江左岸的石岗地边缘，是保存比较完整的渤海时期墓葬，分为 A、B 两大墓区。

A 墓区（洋草沟墓区），位于沙兰乡洋草沟村东南约 1 千米，墓区东为平坦的东京城盆地，西是盆地的屏障，即逐渐升高的群山。墓葬无穴，在平坦的石板上用当地的玄武岩垒砌成墓室，然后堆以大小不等的石块形成坟冢，无封土。从调查材料看，墓大小、形制基本一致，可能是一处渤海平民墓地。

B 墓区（南阳墓区）位于沙兰乡南阳村西约 1 千米的熔岩台地的西北角。玄武岩石岗在此有较大隆起，形成一些小面积的凹陷盆地。墓葬即分布于一处小盆地的西北隅，整个墓区有 40 余座墓葬，排列比较整齐，似有一定顺序。积石墓上多有圆形封土，形制大小各异，最大者直径在 10 米以上，高有 2 米左右，很可能是一处家族墓地。这一墓群对了解渤海时期的丧葬制度、社会制度等诸多问题均能提供重要的考古学依据。

6.2.5.3 虹鳟鱼场墓群

位于上京故城西北 15 千米的西石岗熔岩台地的北部边缘；地处牡丹江支流芹菜河右岸的岗地上。墓群南距黑龙江省虹鳟鱼场 0.6 千米，北距南阳村约 4 千米。

墓群由东、西两区组成，西区由于墓葬与天然石堆混杂，调查时已难确认，因此仅对东区加以重点保护。东区墓葬主要分布在 200 米×200 米的沙石岗上，经地面调查确认约有 200 余座，可区分为砖、石两种结构。砖室墓仅见5座，分布在墓区的西南隅。黑龙江省文物考古研究所曾试掘2座，墓室均由红褐色长方砖砌筑，不见封土。随葬品与一般渤海平民墓葬无大差异。这类砖室墓在渤海时期的墓葬中比较少见。石室墓全部为封土、积石、石室墓。用较规整的石块全筑长方形墓室，南开小型墓门基顶加盖石板，由自然石块堆成坟冢，外覆封土。坟冢最大者，直径约5米，墓圹长3米，宽1.8米。在墓区北侧，农民挖沙时曾毁掉一些基葬，经文物部门收回出土器物40余件；有铜带、银耳环、玉碧及一批陶器。根据墓葬结构及出土遗物等推测，这处墓群是渤海国时期的一处家族墓地。

6.2.5.4 于洪仁烈士墓

于洪仁烈士，1908年生于宁安县（现宁安市）一个满族家庭。1930年加入中国共产党。1932年受党的委派到抗日救国军工作。救国军瓦解后，他带100余人组成“平南洋”总队，坚持抗日活动。经他们的艰苦努力，将这支队伍改编成反日工农义务队，于洪仁任党支部书记兼副大队长。1934年2月，被收编加入绥宁反日同盟军，于洪仁任军事委员会委员，随工农义务队继续活动于宁安各地。1934年8月21日，于洪仁不幸被叛徒杀害于宁安江南大唐沟，牺牲时年仅26岁。先烈为了人民的解放倒下了，但志士的英名永世流芳。为纪念烈士的英灵，对子孙后代进行革命传统教育，在宁安县江南乡宝山村西的山坡上，烈士曾经战斗过的地方修建了坟冢。宁安县民政局在墓前树立一方花岗岩墓碑。

6.2.5.5 大朱家村古墓群

在阿堡村的对面，是我国著名的大朱家村墓群所在地，具体地址往渤海镇西南方向走4千米，到达大朱家村后往西北方向行走2千米便是。墓群遗留在牡丹江边，而在左岸一级台地存有70座石墓，呈南北纵向分布，墓地的搭建与排列根据面积而定，还包括一部分双室石墓。墓壁和墓顶分别用石头和条石进行搭建，其搭建的规律与三陵坟还有牡丹江附近的渤海墓葬有着异曲同工之处，因此可推断出该墓地最迟建于渤海时期。

6.2.5.6 墓群列表

墓群位置见表 6-3。

表 6-3 墓群时代及位置

序号	名 称	时代	位 置
1	洋草沟墓群	渤海时期	沙兰镇洋草沟村东熔岩台地
2	南阳墓群	渤海时期	沙兰镇洋草沟村东熔岩台地
3	大朱屯墓群	渤海时期	渤海镇大朱屯北江左岸
4	阿卜墓群	渤海时期	渤海镇阿卜村江右岸
5	巴掌沟墓群	渤海时期	渤海镇巴掌沟东山坳中
6	哈达砖厂墓群	渤海时期	城东乡哈达村东江边
7	上屯墓群	渤海时期	杏山乡上屯村南山坳中
8	狼洞山墓	渤海时期	沙兰镇和尚屯西山中
9	梁家墓群	渤海时期	杏山乡梁家村北沟
10	宝山大墓	清代	三陵乡三星村东

6.2.6 交通历史建筑（桥）

6.2.6.1 上官古桥址

上官古桥址，俗称“七孔桥”（实为 8 孔），位于宁安市渤海镇上官村西北约 1km 的牡丹江中。为唐代渤海时期桥址，是黑龙江省境内现存最早桥梁址之一。1986 年黑龙江人民政府批准公布为省级重点文物保护单位。

古桥有墩址 7 处，每墩均呈南北向排列，间距 17 米左右。墩体为石块堆砌而成，北端第一墩址东西长 30 米，南北宽 8 米，正常年度高出水面约 3 米。由于受江水千年冲击，各桥墩石体结构破坏严重，呈现的遗迹形态各异。

6.2.6.2 大石桥

位于宁安市城西 1.5 千米、牡丹江左岸鸡陵峰下的一条大冲沟上，结构为单曲拱石桥。桥北有远近闻名的泼雪泉（今为宁安市水源地)。泉水穿桥而过注入滚滚东流的牡丹江。

桥身全部用规整的长方形玄武岩砌筑，全长 25 米、宽 4.5 米、高 7.3 米。桥面用石条平铺，两侧有石栏柱 50 根，柱头为桃形，柱间石栏板上刻有草叶纹和卷云纹。桥身中间起拱，梯形石块砌成的拱券高 4.1 米。券上石栏下南北各有一兽首突起，雕凿精美。

大石桥始建于清初，1922 年曾维修过。桥东端南侧，原有两通石碑置于碑亭内，一为大石桥碑，一为泼雪泉碑。两碑均建于 1924 年，记载着大石桥和泼雪泉的历史及历代维修经过。

宁安大石桥是黑龙江省内第一座石拱桥，也是迄今保存唯一完好的古代桥梁。此桥是清代由宁古塔通往吉林、盛京及中原的必经之路，是清朝政府管辖三江地区的一条重要通道，在当时抗击沙俄入侵和其他边务活动中发挥过重要作用。大石桥是宁古塔地方历史的见证。

6.2.6.3 其他桥址列表

其他桥址见表 6-4。

表 6-4 其他桥址时代及位置

序号	名 称	时 代	位 置
1	平安桥址	渤海时期	平安乡南牡丹江中
2	下官桥址	渤海时期	下官地村北牡丹江中
3	牛场桥址	渤海时期	牛场村北牡丹江中
4	上官桥址	渤海时期	上官村西北牡丹江中
5	下马河桥址	渤海时期	下马河村北牡丹江中

6.3 宁安市历史文化旅游商品

6.3.1 石板大米

石板大米的产地在我国知名的旅游景点所围绕成的金三角地带，镜泊湖和火山口地下森林的存在，以及渤海风情园都是当地难得的湿地资源，能够产出大量优质粮食。石板大米是世界上唯一的“堰塞湖石板稻米”。石板地的形成是由于火山喷发，然后表面喷出的岩浆不断冷凝堆积，随着流水对岩浆的风化侵蚀作用，在其表面剩余 30 厘米左右高的肥沃厚实的泥地，其残余的丰富的营养元素给农作物的生长带来巨大的机遇。而镜泊湖也提供了丰富农业用水。由于白天地表温度极高，导致夜间气温降低之后，石板能够将多余的热量释放出来，平均温度可高于普通地表 2~3℃，形成温暖的地表环境，形成了有利于水稻生长的自然环境。而响水大米的生长则依赖于此种种植条件，并常年吸收火山玄武岩营养，而被另外称作石板米，响水大米有着享誉世界的知名度，并因其美味厚实的口感和优质的产出受到大众的广泛喜爱。

6.3.2 泼雪泉酒业

在酿酒的历史里，宁古塔满族人从古至今便对酒有着不一样的热爱，而历史信息中表明女真族借助肉糜来进行酒的酿造。中原流人在迁徙过程中传播了酿酒的手段，发明了蒸馏取酒的方法，是宁古塔知名的汤子酒，而后发展成现在的白酒与黄酒。宁古塔地区的人民利用烧锅来进行酒的萃取，等到清末民初年间，宁古塔的酿酒技术已经趋于成熟，其相关产业也不断扩大，比如 1897 年间，由李广谦和王阳亮等人筹资成立的义发源烧锅产业，利用一万元大洋的发家资产，并培养山西制酒人进行酒的酿造。在制酒方面，义发源烧锅遵循百年前的老配方，坚持选择宁安城西鸡鸣处的泼雪泉水作为酿酒的原料之一。并于 1947 年改称宁安酒厂，被国家收购后，在 1958 年时推出新产品，清香型的中档白酒泼雪泉问世。

6.4 宁安市历史文化人文活动

6.4.1 历史文化人事记录

6.4.1.1 历史人物

A 马骏

马骏（1895~1928 年）是吉林省宁安市回族人士，也被称为马天安，参与了共产党的活动组织与开展，为新中国的建设与伟大历史事业做出了巨大贡献，也是回族入党人士里的早期参与者。马骏于1895年降生，童年时期接受过私塾教育和清真寺两级学校教育，受到过社会主义文化的熏陶。1919考入南开大学。马骏是个十分优秀的领导者和传播者，1919年五四爱国运动爆发时，马骏能够有条不紊地安排学生进行集合，并组建学联影响五四运动的进展。于1921年的7月份马骏来到天津，顺利的成为了一名优秀的共产党员。而后马骏来到哈尔滨，于1922年发起救国唤醒团运动，积极提倡反帝爱国理念。并在宁安市推动了东北党的形成与发展壮大。当1925年爆发了五卅运动后，马骏能够组织吉林人民维护自己的权利，辗转联络社会群众以及有关组织，成功以会长的身份建立了吉林沪案后援会，推动了反帝爱国运动的爆发与进步。1925年10月份，马骏来到苏联莫斯科的中山大学进行个人素质提升，在1926年的9月份，成功担任学生公社书记。随后马骏及时返回祖国，于1927年大革命未能成功之际，顺利担任中共北京市委书记，同时担任北京市组织部长，促进了北京市党的复原与进步。马骏发挥自身的聪明才智，一次又一次地在敌人眼下获取有效情报，于1927年的3月份受到背叛，被敌军抓捕，严刑逼供，对自己的信念坚定不移，最后死于1928年2月15日，在世33年。中共七大，举行革命烈士悼念仪式，马骏的名字在革命烈士的名单中。新中国成立以后，中共中央为马骏举行了公祭仪式。他的坟墓迁到北京东城日坛公园供人们瞻仰。后来墓地多次修缮，墓碑上镌刻着战友邓颖超书写的碑文“回族烈士马骏之墓”。在马骏的家乡宁安，“马骏纪念馆”在烈士诞辰一百周年之际隆重开馆，全国政协原主席邓颖超为其题写了馆名。

B 陈翰章

陈翰章在1913年降生在吉林省敦化市，是满族人士，陈翰章少年时期成绩优异，仅14岁便以排名第四的成绩通过了私塾教员的选拔。1927年时陈翰章个人表现突出，成功担任敦化敖东中学的学生自治会会长，并在年仅17岁时就以排名首位的成绩通过小学教员考试。陈翰章于1932年放弃了教书育人，选择了加入救国军运动，以自身的努力来对抗帝国主义的侵略，后来受到了“九一八事变”的触动，陈翰章选择进一步推动反帝爱国主义的普及与教育，在革命的不断洗礼下，陈翰章投身于吉林中国国民救国军队伍，于1932年8月份就职总司令部秘书长，保卫宁安市的和平。在艰苦卓绝的抗争环境下，陈翰章被叛徒出卖受到敌军逮捕，英勇就义，在世仅27年时光。侵华日军为了羞辱革命烈士，将陈翰章的头用福尔马林保管，放置于伪满洲国的“大陆科学院”中。当陈翰章百年生日之际，吉林省敦化市于2013年的4月份接回了烈士的头颅，实现了落土归根。

C 萨布素

萨布素（1629~1701年），富察氏，满洲镶黄旗，于1629年在宁古塔南马场地区降生。其曾祖哈木都、祖父哈木苏时归附清太祖努尔哈赤，编入八旗。其父虽哈纳曾驻防宁古塔，萨布素就出生于这样一个满洲下级军官的家庭。清康熙帝曾说萨布素出身微贱。就是这样一个出生于塞外普通家庭的年轻人，受其父影响，很早从军，成长于多事的边陲，战斗在抗俄戍边的前沿五十年，是清朝的抗俄名将之一。1664年，为宁古塔骁骑校时，曾带兵抗击沙俄入侵者。后来累迁至黑龙江将军。萨布素得到了黑龙江少数民族的广泛支持，英勇地击退了沙俄军队的潜在势力，并打败了当时的俄军领导人托尔不津，成功地赢得了雅克萨城。托尔不津失败之后十分不甘心，又领兵卷土重来，于1686年重新攻打雅克萨城，但依然被萨布素给打败，沙皇政府宣布调停和解，萨布素便不再攻打托尔不津。为了确保清朝使团不受到沙俄势力的迫害，萨布素随身于使团，于1689年深入尼布楚，和沙俄政府就边界问题进行了戈洛文商议，而后沙俄政府同意边界的划分，与清政府签订了《尼布楚条约》。萨布素是有名的难得的一个清官，矜矜业业勤恳为民。1701年，萨布素因积郁成疾，卒于黑龙江将军衙门。

D 吴大澂

吴大澂（chéng）（1835~1902年），最初名为吴大淳，出生于江苏吴县地区，并以恒轩为号行走于世，是清代著名的学问诗人、作家，在金石和书画方面深有造诣，也是不可多得的民族勇士。于

1868年（同治七年）成功考取进士，喜爱并擅长花鸟虫鱼绘画。于金石方面颇有研究，吴大澂与容山和依克唐阿里面东部边界问题展开商讨，决定重新进行勘探，在长时间的理论下，在1886年的10月12日，三人签订了著名的《中俄珲春东界约》，同时签订的还有《中俄查勘两国交界道路记》。为了表达自己对祖国的崇敬，吴大澂总是借助对“龙”和“虎”的书写来刺激谈判对手。在涉及国家利益上的任何一个边界或者地区，吴大澂都丝毫不让，沙俄政府只有接受条约。沙俄政府不得干涉中国船只在图们江的行驶，为了夺回黑顶子山地区的所有权，吴大澂利用自身聪明才智，拖延谈判时间，实现了目的，深受众人爱戴。

E 吴兆骞

吴兆骞出生于江苏吴江地区，于1657年（顺治十四年）顺利通过了清朝第三次科举考试。但是吴兆骞不认可士兵对参考人员采取冰刃押解的方式，认为这是对自身人格的亵渎，因而被抓进大牢，最后被宣判永远待在宁古塔。在1659年的8月份正式对吴兆骞进行流放。吴兆骞亲身参与了当地反沙俄侵略的战争，深受环境触动，写下了无数情感浓郁的诗篇。并且巴海和安珠瑚等人也十分看重吴兆骞的才能，派遣吴兆骞去处理部分军机要务，并且在反沙俄政府侵略过程中，还多次亲身上战场抵挡敌人入侵。由于历史原因，吴兆骞的创作仅仅只剩下《秋笳集》这一份瑰宝，里面的文字章句饱含对辛勤将士的敬佩与热爱，并大力歌颂赞扬了边疆人民的英勇顽强不屈不挠的精神，极为真实生动地还原了当时清政府与沙俄政府之间的战争历史风貌。深刻地表达了中华民族维护国家尊严、守护国家领土的决心。

F 张闻天

张闻天（1900~1976年），江苏省南汇县（今属上海市）人，原名应皋（也作荫皋），曾化名洛甫，字闻天。张闻天是优秀的无产阶级革命烈士，也是马克思主义的积极传播者，促进了早期中国共产党势力的壮大。1945年12月中共中央政治局委员、北满分局委员张闻天赴合江开展工作。因土匪叛乱交通受阻。根据北满分局的决定，张闻天暂留牡丹江工作，以中共北满分局代表的身份领导牡丹江根据地建设。面对复杂的形势，张闻天选择到宁安县（现宁安市）搞试点，以此带动牡丹江全区的工作。宁安是牡丹江地区最早有党组织活动的县份之一，这里曾是中共宁安县委和中共宁安中心县委所在地。1940 年全县党组织遭日军破坏后，少数几名党员仍坚持斗争。抗联教导旅随苏军解放宁安后，在民主大同盟的协助下，寻找到秘密潜伏下来的党员，恢复了地方党的组织。张闻天到宁安后，1946 年 1 月组建了中共宁安县委，富振声为书记，刘夷为副书记。3 月 16 日，举行了抗战胜利后宁安县第一批新党员入党宣誓。张闻天组织开展了成立妇女联合会、建校复课、抓捕反动组织、建立农会等一系列工作，领导起草了《牡丹江市施政纲要》。《牡丹江市施政纲要》凝结着以张闻天为首的牡丹江广大干部的心血。是牡丹江人民政权在新中国成立前夕产生的第一部政府施政纲要，是一部指导牡丹江市政府施政的纲领性文件。它也体现了张闻天作为革命家的卓越领导才能和理论功力。对全国解放区政权建设也起到非常好的借鉴作用。1946 年 4 月底，张闻天离开牡丹江去合江开展工作。

G 李荆璞

李荆璞（1908~2000 年），出生于黑龙江地区，在 1932 年 10 月份投身于革命的热潮中去，并于 1933 年的 5 月份成为一名优秀的共产党员。而后为了更好地进行革命，先后担任了吉东工农反日义勇队队长与绥宁抗日同盟军师长等多个职位，促进了抗日革命的进行，为引领抗日做出了突出贡献，起初活动在宁安市周围，后来随着队伍的不断发展壮大，作战范围扩展到海林市境内，成为林海雪原的一支奇兵，翻江倒海的一条蛟龙，令日伪军闻风丧胆，为海林父老久久传颂。待到抗日革命成功之后，李荆璞本人过于优秀，被安排担任牡丹江省军区的司令员一职，也成功地担任了牡丹江市政府的第一位市长，促进了牡丹江的建设与发展。

6.4.1.2 历史事件

A 渤海国灭国大迁徙

在 925 年，耶律阿保机亲自率领部队征战渤海，并在 926 年的初春攻陷了京龙泉府，随着大諲撰投降，标志着渤海的正式灭亡。

在耶律阿保机攻陷了渤海国以后，改称为东丹国，耶律倍为东丹国国王，负责相关的管理事宜。经历了几十年的发展，东丹国的政治、经济发展已经趋于稳定，原渤海国的居民也逐渐的认同了契丹人的统治领导，一直到 982 年，契丹国撤销了东丹国这一称号，改称东京道。在渤海国被耶律阿保机灭亡之后，其国民不愿接受契丹的统治，成立了兴辽国等一系列的反抗政权来进行激烈的斗争，但都被契丹镇压，在战乱过程中使得渤海国文明遭受到了毁灭性的破坏。在另一方面，渤海国大量的居民大量的外逃，一部分人口流落到了女真族地区，在金朝政策的影响下，使他们逐渐融入到女真族当中；还有大约一百万的人口被强制迁移到契丹内地，这部分人口后来逐渐融入到蒙古族、汉族当中；还有大约三十万的人口迁移到了朝鲜半岛，并逐渐融入到了朝鲜民族当中；很少的一部分遗民来到了中原地区，但是在长期的发展过程中也被同化掉了。

B 闯关东迁徙

闯关东是我国近代历史上发生的大规模移民活动之一。闯关东主要是指山东一带的居民向东北地区迁移。闯关东中的“关”指山海关，具体指东北三省地区。清朝初期，民族社会矛盾尖锐，清朝政府统治者为了实现统治中国的目的，采取了残忍的镇压手段，将参与“反清运动”的人都流放到边关，山东地区的叛乱者以及其家属都被发配到极其寒冷的关东地区，这是山东人迁移到东北的主要原因。另外自然灾害、人口压力以及粮食短缺也是山东人外迁的外部原因。原本关东地区作为流放地是禁止人们从事农牧活动的，但是随着历史潮流的发展，满清政府逐渐衰落，没有能力对关东地区继续严格的统治。在满、汉、蒙民族融合的影响下，满洲人逐渐的变成了中国的满族人。山东人家乡意识逐渐淡化，原本春去冬归的外出者开始在东北地区扎根生活了下来。闯关东作为我国近代史上的大规模移民活动之一，其既有客观因素，也有政策条件的影响，汉族作为世界第一大民族，其在发展的过程中不断同化了其他民族，使得汉族人数不断的扩大，在经济、文化、政治领域的影响与日俱增，在人口压力的影响下就使得向周围扩张成为了一个必然的选择，闯关东便成了人口与经济的平衡学。

C 宁古塔新城建城

宁古塔城是清朝时期东北的经济、文化、政治中心，其城市布局和建城历史对于研究清朝发展有着重要的意义。在《宁安市志》中记载到，宁安城始建于1665年，时正值清朝康熙统治时期，由巴海将军负责督建，于次年四月建成。在《宁古塔记略》中记载到，宁古塔新城城垣高两丈有余。其中宁古塔新城又分为内城和外城两部分，这两部分结构都有自己独立的城墙，但是在战乱过程中，内城和外城的城墙都被摧毁，其中内城的城墙毁坏于1910年，外城的城墙毁坏于1920年。这是我国历史文化中的一笔重要损失。

D 镜泊湖连环战遗址

“镜泊湖连环战”，1932年初由时任王德林抗日救国军参谋长的李延禄与孟泾清等共产党人组成了救国军秘密党支部，孟泾清任党支部书记。1932年2月，日寇关东军总部派出天野少将率一个旅团，向吉东地区扑来。李延禄、孟泾清、李延青等共产党人领导指挥救国军补充团、东北军660团和铁路工人抗日游击队，组织了包含“墙缝”之战、火烧松乙沟、关家小铺之战、高岭子伏击战等一系列战斗。

E 板石场会议

1936年2月，在镜泊湖南湖头板石场的密营里，中共东满特委与吉东特委、二军、五军代表周保中、魏拯民、陈翰章、金日成等人，召开了在东北抗日斗争史上与朝鲜革命史上具有里程碑意义的会议。

6.4.2 历史文化艺术

(1) 镜泊湖红罗女和绿罗女传说。讲述了发生在镜泊湖的一对天女红罗和绿罗姐妹，二人一文一武，向往人间美好生活，依恋渤海山水，相依为命的故事。此传说对研究渤海历史文化具有一定补充、印证和参考作用。

(2)《宁安县民间谚语集成》。宁古塔民间谚语大体分为政治谚语、经济谚语、道德谚语、科学谚语等。其特征也是非常鲜明深刻的。其一，语言是高度精练的；其二，谚语结构严密，矛盾对立鲜明；其三，音乐性较强，一般都是押韵、顺口、平仄协调，句法对偶整齐，音韵和谐，简短有力。

搜集了全县六千多条谚语的基础上选出共分九类、三十九项、一千四百一十二条的《宁安县民间谚语集成》。

(3)《宁古塔满族民歌》。《宁古塔满族民歌》来自几位宁安著名的民间文艺家搜集整理，并结集出版。一是杨锡春先生在两部书上发表的《宁古塔的满族民歌》；二是由宁安的老一代民间文艺家张育生、傅英仁、赵国斌等人发表在由辽宁出版社出版的《满族民歌集》里有关宁古塔地区的就有十几首满族民歌，一共30多首。这些民歌的内容大体上分为渔猎歌、时政歌、仪式歌、生活歌、情歌、儿歌、现代民歌等。具有赋、比、兴的魅力，语言特别朴实生动。

(4) 满族民间歌谣。宁古塔民间歌谣共分地与（地理山川）、古迹、洞宇、祀典、史料、教育、宗教、物产、人物、轶闻、传统、童谣、其他共13大类。其特点是来自民间真诚的民众心声，内容广泛，包罗万象。生产、生活各个领域无所不有。

(5)《招抚宁古塔》。《招抚宁古塔》是一部流传于东北地区满族人民之中的长篇小说，这一部书主要记录了当时生产建设、军事、民间生活、萨满生活故事，是当时人们生活的真实反映，对于今天人们研究满族文化历史具有重要的参考作用。全书共二十余万字，有四十多个人物，一百多个故事，情节极尽曲折离奇。尽在情理之中又在意料之外，可谓亦史、亦文、亦庄、亦谐、亦虚、亦真，以异质同构的写法，描绘出一部满族早期的风俗画卷。

6.4.3 民间历史文化习俗

6.4.3.1 民间历史文化节庆

A 满族祭祀

萨满教产生于母系氏族社会，已经有三万余年的历史，由于当时的文化水平条件限制，没办法进行记录，所以萨满教的传承主要依靠的传承方式就是一代一代的口口相传，但就是在这样艰苦的传承条件下，萨满教还是一代又一代的传承了下来，最后形成了我们今天所认识的满族，在其发展传承的过程中，也形成了许多具有自己本民族文化特色的文化遗产。关氏家族所举办的祭祀活动属于典型的满族祭祀活动，其祭祀活动的内容蕴含着极其丰富的满族文化特色。关氏祭祀除了三年一次在秋季进行，还会因还愿、生子等原因举行祭祀。宁安市的杨氏祭祀活动频繁，“鹰”是杨氏家族祭祀的图腾和特征。宁安市祭祀活动与海林市的基本一致，能够组织祭祀的家族还有厉氏、张氏、吴氏等，是全国家族祭祀保存最完好的地区。

从傅英仁先生的满族鼓乐和满族关氏家族、杨氏家族祭祀活动中所使用的音乐来看，满族祭祀音乐类似于念白。祭祀所用到的乐器有抬鼓、腰铃等，节奏分“老三点”“先五点”“快五点”“正七点”“九点”“散点”等几种类型。

B　满族抄谱

宁古塔居住着“二宁”“三关”“四赵”“六傅”“八大支吴”等几大家族，尤其以八大支吴人丁最兴旺。吴是指乌苏氏，喔斯豁里始祖的后代乌色的八个儿子，称为八支。家谱保存完整，四支至今仍在抄谱，并在抄谱时进行祭祖活动。

6.4.3.2　民间历史文化演艺

A　二人转

二人转，是在当地民歌、东北大秧歌的基础上，吸收河北莲花落、评剧、西北及蒙古二人台等曲艺而形成的。二人转的表演当初均为男性，化妆成一旦一丑。化妆成旦角的称为包头。表演前，都进行简单的化妆，表演上“唱、说、做、舞”，以唱为主。表演时，旦角和丑角以舞扇子和手帕为主，又说又唱又舞。剧本以代言为主，叙事为辅，以“做”和“舞”取悦观众。唱词基本上以七字句、十字句为主。常用腔调有胡胡腔、大救驾、喇叭牌子等。在长期的流传过程中，以吉林省四平市为重点谓东路；以辽宁省黑山为重点谓西路；以辽宁省营口大石桥为重点谓南路；以黑龙江（宁古塔）谓北路。北路二人转的风格是粗放、豪迈，还掺杂着野性，后来又吸收了满族祭祀调、满族儿歌，使二人转的形式、风格更加丰富多彩。

B 秧歌

满族地区的鞑子秧歌起源于辽金时期的女真族，鞑子秧歌历经几个朝代，一直活动在民间，成为东北人喜闻乐见的娱乐形式，也被称为东北大秧歌。宁安市叶赫氏秧歌“大浪花”已是市级非物质文化遗产。

C 满族舞蹈

“野人舞”是清代牡丹江宁古塔一带的满族巴拉人的舞蹈。该舞蹈是一种极其原始的舞蹈，充分反映出了当时居民对于自然和生命的崇拜和对上天神明的敬畏，满族先民在祭祀活动结束之后，会在神树下点燃篝火，然后满族先民在祭祀的神树下跳舞、求爱，尽情的释放人类内心中最原始的欲望，将所有的情感都进行充分的释放，这些满族先民甚至会在跳舞活动中进行野合，通过展示纯真的不受封建礼教束缚的原始爱情，给先民们充沛的精神动力。

威风蟒式和东海蟒式是一直流传在宁古塔（今宁安市）地区的满族舞蹈。威风蟒式用“哈拉巴”做道具，表演时节奏欢快、热烈、奔放、气氛浓烈、威风雄壮，加上大鼓和乐队伴奏形成一种气吞山河、百战不殆的生动场面。情绪之热烈狂放也是和其他舞蹈相比有其独具魅力的。

《拍水茶茶妞》是金代女真人的一种舞蹈，反映的是满族先民打渔的生活场景，《拍水茶茶妞》舞蹈由一母二女三个角色表演，全舞共四段：场开；行旋；鹰展翅；媚抚。

《扬烈舞》流传于宁古塔地区，保存在今宁安市的江东一带。舞蹈反映的是满族先民狩猎生活，全舞共分五段：远望（熊舞）、追踪（猎手舞）、行围、神武之功、猎戏。

6.4.3.3 民间历史文化健身活动与赛事

“采珍珠”是满族传统的体育活动。满族入关前，牡丹江地区的先祖在采珍珠之余，欢庆丰收之际，在陆地上用“绣球”比作大颗珍珠，采珠人在水区设法摆脱蛤蚌区的防守，将绣球投到伙伴手里，作为一种娱乐手段。

7 穆棱市历史文化旅游资源

7.1 穆棱市历史遗址遗迹

7.1.1 史前人类活动场所

7.1.1.1 文物散落地

文物散落地见表 7-1。

表 7-1 文物散落时代及位置

序号	名 称	时代	位 置
1	光明遗址	新石器	福禄乡光明村西河右城地中
2	粮台山遗址	新石器	兴源镇西南部小山丘上
3	西崴子遗址	新石器	兴源镇西崴子村北耕地中
4	东山遗址	新石器	穆棱镇二百户北侧山头之上

7.1.1.2 文化层——粮台山古城遗址

在穆棱市兴源镇（原伊林镇）居民区东南、穆棱河左岸有一突兀的椭圆形高地，其东、西南三面石崖陡，北侧较为平缓，当地称其为“粮谷山”或“凉台山”，山顶开阔平坦，沿峭壁边缘有城垣遗迹，墙体用土堆积而成，平面呈不规则的多边形，城南北最长处约 65 米，东西最长处约 60 米。北侧墙体较直，偏东部有一豁口，应是城门址。城门外循坡筑有石阶，损毁严重，墙体仅高于地面 20 厘米左右。城内均为荒地，中部有一座近现代的烈士墓碑和坟墓。

遗物相当丰富，有石磨盘、石磨棒、柱叶形石镞、亚腰形石铲、骨镞、骨锥、骨针、陶纺轮、乳丁状陶器耳、陶片等。在城外附近曾发现石磨棒、布纹瓦、板状陶器耳、柱状器耳等。

经对遗物的分析，可知粮台山古城有5种古代文化遗存：（1）距今三万年左右的新石器晚期文化遗存，与莺歌岭上层类型大体相当；（2）距今两千年左右的早期铁器时代文化遗存，与团结文化和东康文化类型相似；（3）唐代渤海国时期文化遗存；（4）辽金时期文化遗存；（5）明清时期遗物，其城垣的修筑年代，至迟不晚于唐代渤海国时期，而后辽、金、明、清时期均曾沿用。

粮台山古城面积较小，城垣破坏比较严重，但所处地理环境十分优越，城内外文化遗存相当丰富，文化层堆积厚度可达1.5米，是了解和研究穆棱河中上游地区古代民族演变、古代社会发展等诸多课题不可多得的一处遗存，具有重要的科学价值。

7.1.2 社会经济文化活动遗址遗迹（废城与聚落遗迹）

7.1.2.1 小四方山城

该古城位于穆棱县城东北15千米的福禄乡高峰村（又称“小四方台”）东南的小四方山上，故名小四方山城。小四方山由北高南低的两座山峰组成，其间为开阔平缓的鞍部。古城分石城和土城两部分。石城将两峰及平坦的鞍部围起，构成一封闭的城址，城墙用天然青石砌筑，遇悬崖峭壁处则以山险为屏；墙周长995米，保存完好处高4.2米、底宽11米、顶宽2米。城墙平面呈不规则形，东面有一处城门。城内较平坦处有穴居遗迹。石城东侧山腰又有一土城与石城相连，中有一隔墙将土城分为南北两部分，土墙周长1165米（含隔墙），平面呈不规则形，城垣最高处约2.5米，底宽10米，顶宽3米，现两城内均为林地。

1981年，牡丹江地区文物普查队首次对小四方山城调查，在城内发现许多遗物，有石矛、陶豆、陶罐、圆柱状器耳、陶纺轮、铁镢、玄武岩质石臼、轮制陶片、仿定瓷片、北宋“景德元宝”等，从上述城的建筑形制和出土文物推定，小四方山城可能为沃沮人所筑（战国至两汉），以后渤海、辽、金沿用其中石城可能早于土城。小四方山城文化内涵丰富，延续使用长达千余年。城内又有如此丰富的遗迹遗物，是黑龙江省城遗址中罕见的。

7.1.2.2 古代废城与聚落遗迹列表

古代废城与聚落遗迹见表7-2。

表7-2 古代废城与聚落遗迹列表

序号	名　称	时代	位　　置
1	福生遗址	早期铁器	福禄乡福生村东
2	福生西遗址	早期铁器	福禄乡福生村西
3	光明村西遗址	早期铁器	福禄乡光明村西部民宅区
4	小四方遗址	早期铁器	福禄乡小四方山南坡下部
5	康乐遗址	早期铁器	福禄乡康乐村北田家沟口
6	高峰遗址	早期铁器	福禄乡高峰村北山脚下
7	兴源砖厂遗址	早期铁器	兴源镇北砖厂南部
8	徐家遗址	早期铁器	穆棱镇徐家村北河左台地
9	大屯南遗址	早期铁器	穆棱镇大屯村南公路两侧
10	龙眼遗址	早期铁器	河西乡龙眼村西北河左耕地中
11	向阳遗址	早期铁器	河西乡向阳村西南河左坡地
12	更新西遗址	早期铁器	河西乡更新村西沟左坡地
13	温泉沟遗址	早期铁器	八面通镇清河村北温泉沟口
14	清河北遗址	早期铁器	八面通镇清河村北河右坡地
15	红土山遗址	早期铁器	八面通镇红土山村南河右路东侧
16	中山西沟遗址	早期铁器	八面通镇中山村南西沟口
17	四平遗址	早期铁器	八面通镇四平村东南山旁
18	炮台山遗址	早期铁器	八面通镇清河村大炮台山西南角
19	大酱缸遗址	早期铁器	八面通镇中山村东南大酱缸沟中
20	中山西沟遗址	早期铁器	八面通镇中山村西四平山东北坡地

续表 7-2

序号	名　称	时 代	位　　置
21	枯榆树遗址	早期铁器	下城子镇枯榆树村南山溪右岸
22	霍家窝棚遗址	早期铁器	下城子镇霍家窝棚北山旁
23	五四沟遗址	早期铁器	下城子镇新民村东北五四沟口
24	宣羊遗址	早期铁器	下城子镇宣羊村南河左山坡地
25	梨树沟遗址	早期铁器	下城子镇梨树沟南河左台地
26	荒火岔遗址	早期铁器	下城子镇荒火岔村西山边
27	东沟屯遗址	早期铁器	兴源镇东沟屯东北山地
28	兴龙沟遗址	早期铁器	兴源镇大屯北兴龙沟口
29	良种场遗址	渤海时期	八面通镇良种场猪舍
30	新城遗址	渤海时期	八面通镇新城村东南 1 千米处
31	上屯吉遗址	渤海时期	兴源镇上屯吉村西南路边
32	砍椽沟遗址	渤海时期	兴源镇北村东北砍椽沟口
33	泉眼遗址	渤海时期	穆棱镇泉眼河西南河口处
34	黎明河东遗址	渤海时期	穆棱镇黎明村河东山旁
35	八家子遗址	渤海时期	穆棱镇泉眼村八家子屯西河左
36	朝阳川遗址	渤海时期	下城子镇朝阳村北山边
37	北村八队遗址	渤海时期	下城子镇北村霍家窝棚屯东南
38	西村遗址	渤海时期	下城子镇西村二队西北河左台地
39	六峰遗址	渤海时期	共和乡六峰村西河左山脚下
40	更新遗址	渤海时期	河西乡更新村西、雷锋河左岸
41	泰安遗址	金代	马桥河乡泰安村西、两河汇流处
42	蜂场遗址	金代	福禄乡福生村东夹皮沟支流右岸
43	东新遗址	金代	福禄乡东新村东夹皮沟右岸
44	小四方山遗址	早期铁器	福禄乡小四方山村北山顶
45	粮台山古城	早期铁器	兴源镇西南小山丘顶部

续表 7-2

序号	名 称	时代	位 置
46	西村古城	渤海时期	下城子镇西村西南河畔
47	石城山古城	渤海时期	兴源镇西北石城山上
48	大石头河墓群	渤海时期	穆棱镇徐家村河东屯东山坳中

7.2 穆棱市历史建筑与设施

7.2.1 单体历史文化活动场馆——中东铁路历史文化穆棱陈列馆

中东铁路历史文化穆棱陈列馆建成于2015年12月，位于穆棱市，占地面积3万平方米，有藏品8000余件，目前对公众免费开放，是目前黑龙江省东部边疆馆舍中规模较大的展馆。主要的展品有中东铁路历史档案，以及百岁老人的口述文件，还原了穆棱——马桥河的历史变化。展馆共分为七个部分，按照展物的历史时期不同，将整个中东铁路历史文化穆棱陈列馆分为马桥河先民的足迹，中东铁路概况，民国时期，抗日时期，解放战争时期，抗美援朝初期，新中国建设新时期等七个部分。

展出的史料、档案原件，珍贵奇缺、鲜为人知，展出的不同文物都是具有代表性的珍藏。在精选文物史料布展的同时采用了现代科技技术制作了历史场景和中东铁路唯一的一处“圈里”影视纪录片，观众参观后无不赞叹。

7.2.2 历史文化景观建筑与附属型建筑——碑碣（林）

碑碣4座，有1931年为纪念吴大澂筹边功绩所立《吴愙斋中丞筹边遗迹碑》；1926年为追思李杜将军平定匪患，稳定治安的功绩所立《东北陆军第二十一旅旅长兼绥宁镇守使、中东路长绥副司令陆军上校三等文虎章李公子铎去思碑》；1930年穆长瑞县长所立《穆棱县治迁移碑》；1946年中共穆棱县委、县政府所立《郝子英烈士墓碑》。

7.2.3 归葬地——大石头河墓群

在穆棱市穆棱镇老道沟东南约 1 千米、在穆棱河上游最大支流大石头河的右岸，有一西向敞开的“V”形山坳。这里北面宽敞开阔，东、西、南三面为渐呈突起的群峰。山沟中有一条山溪向西注入大石头河。河南侧是徐家村河东小屯。大石头河墓群即在小河北侧的坡地中。

大石头河墓群全部为封土积石墓，依其规模可区分为大、小两种。小墓 40 余座，大墓 3 座。据大石头河墓群的形制与结构分析，应为唐代渤海国时期墓群。就此前的考古发现看，这种大墓和有成群小墓依地势排列的渤海墓地是不多见的。这里应是一处氏族墓地，大、小墓的墓主人有明显的等级差别。大墓的主人身份较高，而小墓则属一般平民。就墓地所处的地理位置来说，大石头河墓群是穆棱河流域目前已知的唯一一处渤海时期墓群。

7.2.4 交通历史建筑

（1）马桥河站。原名马桥河子站，站址在黑龙江省穆棱市马桥河镇，开站于 1901 年，离哈尔滨站 462 千米，离绥芬河站 86 千米，隶属中国铁路哈尔滨局集团有限公司牡丹江车务段管辖，现为四等站。2015 年 12 月，因牡绥铁路新线全线通车，该站停办客运业务。

（2）代马沟站。原名抬马沟站，位于黑龙江省穆棱市代马沟村，建于 1901 年，是滨绥铁路沿线车站。隶属哈尔滨铁路局牡丹江车务段管辖，现为四等站。离哈尔滨站 404 千米，离绥芬河站 144 千米。现已不办理客运业务。

（3）磨刀石站。原中俄共同修筑的东清铁路（中东铁路）东部线上车站，时为四等站。站址在黑龙江省穆棱市磨刀石镇，离绥芬河 170 千米。1901 年建站，曾叫“十站”，即由俄境内海参崴向中国境内各站排序为第十站。1910 年改为磨刀石站。中东铁路开始运营时，东部线一面坡至绥芬河间共开办 38 个车站，其中办理客货业务的共 15 个。磨刀石是中东铁路东部线 5 个四等站之一。

7.3 穆棱市历史文化人文活动

7.3.1 历史文化人事记录

7.3.1.1 历史人物——李范五

李范五，男，黑龙江省穆棱市人，出生于1912年5月3日。在1932年，时年20岁的李范五受到党中央指派，回到家乡开展抗日工作，参与东北抗日联军的早期组织和领导工作。历任中共东北委员会委员兼秘书长，全国人大代表等职务，在新中国成立以后，其又担任了黑龙江省第一任省长。

7.3.1.2 历史事件——泉眼河国际交通站

1943年5月，原东北抗日联军第五军三师副官长王亚东及爱人冯淑艳到穆棱泉眼河屯定居。他们按照周保中关于先组建交通站后建立小分队的指示，秘密在爱国群众中宣传党的抗日政策，成立了泉眼河反日会，后在冯淑艳家组建了泉眼河红色国际交通站。王亚东、冯淑艳任正、副站长，冯广义、冯淑艳的侄子小锁子任情报员。

7.3.2 历史文化艺术——穆棱河的传说

穆棱河传说是流传于穆棱河流域的，被世世代代穆棱人所讲述的东北民间口头文学，其中包含着大量的传说、故事、神话、寓言等，1989年出版的《穆棱河的传说》中收集了203个故事。但是，仍有很多遗落在民间至今仍在流传。这种民间口头文学是原生态的文化，是先辈们留下的文学遗产，更是中华民族口头民间文学的宝贵财富。

7.3.3 民间历史文化习俗

地方历史文化风俗与民间礼仪（丧葬习俗）：“哭九场”是穆棱市现存的一种最古老的葬礼习俗，已有一百五十年以上的历史。该习俗仅限于纯胜村，了解习俗的人都已五十岁以上，面临失传境地。

8　东宁市历史文化旅游资源

8.1　东宁市历史遗址遗迹

8.1.1　史前人类活动场所（文物散落地）

大杏树遗址：位于团结村南 3 千米大杏树两山坡地，是目前在东宁市发现的最早的人类事前活动遗址，遗址上散落有之字纹陶片。

8.1.2　社会经济文化活动遗址遗迹

8.1.2.1　废城与聚落遗迹

A　大城子古城遗址

位于东宁市城东 4 千米绥芬河右岸台地上的大坡子村，为唐代渤海国中晚期城池，金代曾经沿用，是渤海国十五府之一的率宾府所在地，建州女真发源地，具有重要历史研究价值。

古城整体布局呈现长方形结构，城墙东、北两侧的部分段落损毁较为严重，但保存较好的地方仍然超过了两米的高度。根据当地村民的叙述，当地为了抵御洪水，曾经对城墙进行过修补。城垣周长共计 3343 米，在西面的城墙处存在着一处明显的城门遗址，其余遗址由于毁坏过于严重，遗迹已经无法清晰的辨别，这就使得其余的城门位置无法确定，成为了研究过程中的一个遗憾。

B　红石砬子山城遗址

道河乡红石酸子村南、绥芬河右岸的山崖上。山城平面略呈袋状，大体呈东南—西北向，西端由海拔 450 余米的制高点始，向东随地势渐低、且南北两迹城距离渐渐加宽，最后被一小山谷分开后，两墙又分别从两条山脊下山至河边终止。

城垣周长2000余米，城北侧墙体多倚河畔陡峭山崖为屏，地势较平缓处或跨越沟谷处则用石块垒砌成墙，北墙外有羊肠小道，可盘旋而下至河畔，可能是古代城中人取水之路。南墙因地势较北坡为缓，故墙体形道清晰连贯。西部高处多为土筑墙体，保存最好处高近4米。西端南墙外，有东西横卧的三道短墙均长50米左右，明显是为防御制高点与南侧山脊相连处而筑。南墙向东仍依山势而起伏，东部多用石块堆筑。中段有一门址，出门可下至西北—东南走向的深谷。沟谷中也有一座门的两座门墩形石垒墙体，把沟谷拦腰截住，与山城南门遥遥相对。城内中西部平坦处，有一土筑方形围墙，面积约30米×30米，内侧高1米，外侧高2.5米，墙顶宽1.2米，用途不明。城中坡地上有许多大小不一的圆形土坑，应是穴居遗迹。

红石砬子山城地势险要易守难攻，为军事城堡。其特点与五排山城完全相同，可能是古代沃沮人修筑的城寨。

C　团结遗址

位于东宁市城南16千米的大肚川乡团结村北、大肚川河右岸的一级台地上。高出现河床2米左右。在遗址西北部受河水冲刷而形成的断层中，暴露有文化层堆积，厚约1~1.5米。整个遗址面积约有10万平方米。在1977年，考古学家对这一遗址进行了科学发掘，总发掘面积为1300余平方米。清理出有铁器时代的房址、灰坑及渤海时期的房址、灰坑、灰沟等遗存，出土各类文物数百件。经整理研究和科学测定，此遗址可以大体分为两类考古学文化。上层属于渤海国遗址，清理出的房址，是黑龙江省目前发掘中唯一的一处渤海国平民居址。下层属于战国时期的文化遗址，它分布于穆棱河与绥芬河领域的上游，学术界已经基本确定，这是战国时期“沃沮人”的遗址。团结遗址为考古学家研究当时“沃沮人”的生活习惯、生产方式提供了重要的历史材料，对于研究有着十分重要的历史意义。目前团结遗址除因大肚川河冲刷造成南岸文化层塌落外，没有明显的人为破坏。

D　小四方山古城

位于穆棱县城东北15千米的福禄乡高峰村（又称“小四方

台”）东南的小四方山上，故名小四方山城。山城由北高南低的两座山峰组成，其间为开阔平缓的鞍部。古城分石城和土城两部分。石城将两峰及平坦的鞍部围起，构成一封闭的城址，城墙用天然青石砌筑，遇悬崖峭壁处则以山险为屏；墙周长995米，保存完好处高4.2米、底宽11米、顶宽2米。城墙平面呈不规则形，东面有一处城门。城内较平坦处有穴居遗迹。石城东侧山腰又有一土城与石城相连，中有一隔墙将土城分为南北两部分，土墙周长1165米（含隔墙），平面呈不规则形，城垣最高处约2.5米，底宽10米，顶宽3米，现两城内均为林地。城内发现许多遗物，有石矛、陶豆、陶罐、圆柱状器耳、陶纺轮、铁镢、玄武岩质石臼、轮制陶片、仿定瓷片、北宋“景德元宝”等，从上述城的建筑形制和出土文物推定，小四方山城可能为沃沮人所筑（战国至两汉），以后海、辽、金沿用。其中石城可能早于土城。

小四方山城文化内涵丰富，延续使用长达千余年。

E 东宁市古代遗址

东宁市古代遗址见表8-1。

表8-1 东宁市古代遗址

序号	名 称	时 代	位 置
1	张三沟遗址	早期铁器	县城河北、张三沟沟口
2	转角楼遗址	早期铁器	东宁镇转角楼村东耕地中
3	砖厂遗址	早期铁器	东宁镇烟厂院内（原砖厂）
4	西南岔子遗址	早期铁器	东宁镇西南岔子村北河右岸
5	河西屯遗址	早期铁器	东宁镇河西东河边台地
6	通沟遗址	早期铁器	道河乡通沟村南河左台地
7	和平遗址	早期铁器	道河乡通和平东南河边
8	洞庭遗址	早期铁器	道河乡洞庭屯北通子沟两岸
9	道河遗址	早期铁器	道河乡南乌拉草甸子河两岸
10	桥河西遗址	早期铁器	道河乡小地营村南2千米桥西
11	北寒遗址	早期铁器	北寒乡南耕地中

续表 8-1

序号	名 称	时代	位 置
12	小地营遗址	早期铁器	道河乡小地营村东河左台地
13	朝阳沟遗址	早期铁器	三岔口乡朝阳沟前屯南河畔
14	朝阳沟腰屯遗址	早期铁器	三岔口乡朝阳沟腰屯东河畔
15	庙岭遗址	早期铁器	三岔口乡庙岭村东南河畔
16	罗圈崴子遗址	早期铁器	三岔口乡庙岭村南罗圈崴子耕地中
17	泡子沿遗址	早期铁器	三岔口乡泡子沿村西水田中
18	团山子遗址	早期铁器	三岔口乡北、团子山周围
19	北河沿遗址	早期铁器	东宁镇北河沿村东河左台地
20	新立屯遗址	金代	三岔口乡新立屯东河左台地
21	五星屯遗址	金代	三岔口乡五星屯村东河畔
22	通沟小城子	渤海时期	道河乡通沟村东北山坡上
23	大城子古城	渤海时期	东宁镇大城子村
24	东宁小城子	渤海时期	东宁镇东北部
25	河西山城	渤海时期	东宁镇河西村东北山上

8.1.2.2 长城遗迹——五排山城遗址

位于东宁市道河乡五排村西南的五排山高峻的巅峰之上。这里山高谷深，林密水急，地势十分险峻。制高点以南城墙多为石块堆积而成，其高度一般在 3 米左右，保存比较完整，制高点东侧的城垣多为土筑城墙，受损较为严重。整个城池的路面呈现 V 字形，在靠近河流的一面，科考过程中并没有发现有城墙遗址的存在，考古学家估计，当时的河流可能水流量比较大，完全可以起到防御外敌的作用，所以就没有在这一面修筑城墙，让这道河流充当护城河的作用，除了这一面没有城墙外，其余面的城墙的总长度为 1900 多米。遗址为辽末金初时所筑，城垣上未见瓮城、马面之类的设施，是沃沮人防御挹娄人侵扰而修筑的，其后又被勿吉人南进而沿用。

8.2 东宁市历史建筑与设施

东宁要塞遗址位于黑龙江省牡丹江市，被称为“东方的马其诺防线”。在当年东北沦陷以后，日本军队为了实现进攻苏联的野心，压迫我国劳动人民，在这一地区一共修筑了 17 处军事要塞，想要增强自己的军事实力，来实现自己征服苏联的白日梦。在这 17 处军事要塞中，其中东宁要塞是最大的一处，也是埋葬我国劳工最多的一处场所。当东宁战役结束以后，才正式标志着第二次世界大战的正式结束。

8.3 东宁市历史文化人文活动

（1）世界反法西斯最后战场。东宁要塞建于 1935 年，为了修建要塞，日军用欺诈的手段骗取了许多中国老百姓为其参加东宁要塞的修建。1945 年苏联对日宣战。日军寡不敌众，接连败退，不得不退往吉林方向，只有一小部分日军留在要塞中。1945 年 8 月 15 日日本宣布投降，直到 8 月 28 日要塞中的日军才知道天皇已经投降，于是举着白旗走出要塞。所以说东宁战役的结束才标志着第二次世界大战的完全结束。

（2）三岔口地下交通站。位于三岔口城南桥头右侧胡同里二三百米处。周保中、杨松等抗日将领曾在这里活动过。周保中来到三岔口后，很快同东宁地下党组织联络人唐顺取得了联系。当时东宁地下党组织的联络地点是县城三岔口图书馆，馆长名为解作臣，也是党的地下工作者。所以，这次党、团代表大会的地点就定到了这里。杨松来到东宁后，由党的地下工作者毕绍堂介绍到三岔口地下交通站。杨松化妆成中医先生，开展党的活动，活动于苏联与牡丹江之间。

9 林口县历史文化旅游资源

9.1 林口县历史遗址遗迹

9.1.1 史前人类活动场所（文物散落地）

陶沟子遗址

陶沟子遗址在大屯村北面，相距约 2500 米，坐落于江左二级台地，该遗址内部已发现原始时期遗留下来的杂色釉、黑陶、酱釉等物件，经仔细考察，还有彩陶碎片，多为红褐色、黄色的陶器碎片，其上所绘纹路为见弦纹，较为少见，陶器口处还刻有侈口厚唇以作装饰。研究表明，陶沟子遗址是新石器时代的遗址，其所出土的文物也都是新石器时代的物件。

9.1.2 社会经济文化活动遗址遗迹

9.1.2.1 历史事件发生地

A 金坑旧址

金坑旧址地处双峰乡黑背村，是清朝年间当地矿工在葛成隆的带领下进行反抗清朝统治的民间起义的地点。

B 望江台

该遗址距离牡丹江大桥较近。1925 年的春天，时任依兰县知事的王世选为了更好的考察民情、了解治下百姓的生活状况，沿着牡丹江开始巡查，在他到达兔子岭一带时，发现山势非常陡峭，道路曲折难行，当地百姓为了通行只能沿着古时开辟出的小路攀爬悬崖峭壁，道路狭窄且高，悬崖下面就是汹涌的牡丹江，百姓稍不留意就很容易跌下悬崖、葬身鱼腹、尸骨无存。王世选为了改善这种情况，就命令当地石匠开凿石阶，共建造了151级石阶，并且石阶旁设有栏杆，大大减少了行路危险，方便了当地百姓出行。第二年，王世选又让石匠雕刻了一个石碑立于路旁，石碑背面刻着“龙虎山”，而正面则面对着牡丹江，上面记载了王世选主持修路的经过与“龙虎山”一名的由来。可惜的是，1985年冬，石碑被人酒后毁坏沉入江中。

C　八烈投江纪念地

1938年深秋，在乌斯浑河边，也就是现在的三家子村东北面，位于柞木岗子山和大小关门嘴子山之间的峡谷中，东北抗日联军和日军熊谷部队以及郝奎领导的伪军部队展开了激励的战斗，东北联军大部队试图战略转移，而敌军却紧追不舍，在这万分紧急的时刻，为了掩护主力军的撤退，以冷云为代表的妇女团八位女战士站了出来，主动要求承担断后任务，与敌军展开了殊死搏斗，最终在没有子弹的情况下，八位女战士全体选择跳江就义，在抗战史上留下了永恒的印记。后经多方研究，确认八女投江地在柞木岗子山下、乌斯浑河左岸的老道口草甸子和渡渡口一带。

D　于化南烈士殉难地

于化南烈士殉难地在龙爪南山，在鹤大公路南面约40米的地方。1945年时，于化南与中共中央武装力量一起从延安进军到我国东北内陆，同年11月10日，于化南加入三江省工作分团，当时该团的负责人为李范五、李延江等同志；同年12月于化南随团抵达勃利县，为了更好的开展工作，于化南被任命为勃利县地委副书记，与相关同志一起驻扎在勃利县城，主管当地的党军政建设工作；随后不久，当地国民党势力主持发动“勃利事变”，于化南和其下属部队不得不撤回林口，并准备回撤牡丹江；同年12月19日，于化南在高丽屯也就是现在的一心村不幸被国民党军队捕捉，在反动势力的威逼利诱下，于化南宁死不屈，次日就被击毙于龙爪南山，也就是现在的龙爪乡砖厂附近。1946年3月，在当地政府的主持下，龙爪乡人民在于化南将军遇害处为其设立了墓碑，并举行了祭奠仪式，以抚慰烈士们的在天之灵。1985年，当地政府和党组织在于化南的遇难之处树立起烈士纪念碑，纪念和感谢所有为龙爪解放事业牺牲的革命先烈们。

9.1.2.2 军事遗址与古战场

A 三道通古城

三道通古城与三道通乡政府距离不远，地处牡丹江左侧。三道通古城依地势而建造，俯瞰古城的整体形状像一只靴子，因此也被叫做“靴子城”。古城的东面和南面都与牡丹江接壤，西面是大山，西北面则是冲积平原。古城的城墙全长约为2900米，是夯土版筑，有东西南北四个城门，原本还设置了瓮城；在四个转角处都建造了角楼。城墙外面还建造了25个马面，且修建了又深又宽的壕沟，古城的东面和东南门是牡丹江天险，是天然的屏障。目前，三道通古城墙保存良好的地方城墙高度超过五米，基阔可达4.5~11米左右。古城内外都曾经发现过遗留下来的板瓦、筒瓦和青瓦，这些瓦片大多都是灰色，也有少量红褐色的，里侧刻有布纹，仔细观察还可以发现手捏痕；而古城出土的陶器则大部分都是泥质灰陶，最常见的纹路就是各种简单的几何图形以及印刻弦纹，此外，还出土了大量硬质光面陶片和印纹黑陶片。从三道通古城的建造工艺、外形、设施和出土的文物特征来看，该城应该始建于金朝，并一直被后面的朝代沿用下来，而从古城的性质来看，应该是军事重地。1990年，黑龙江省人民政府将该城列为省级重点文物保护单位。

B 杏树山城

杏树山城地处高丽沟一带，在五星乡杏树村的东南面，与该村石矿相距约5000米；杏树山城的平均海拔高度是526米。杏树山城的城墙整体呈南北走向，总长度共计1500米左右，大部分城墙已经倒塌，原本使用的建墙石料体积约为25厘米×20厘米×20厘米，现存城墙大致可以分为三个部分，第一部分高度在3米左右，总长50米；第二部分高度为2.8米左右，总长13.6米；第三部分高度为2米左右，总长12米。该城墙也是为了防御外敌入侵而建造的，曾在古城墙上出土过一些褐色陶片。

C 抗联五军指挥所

抗联五军指挥所和三道通乡政府相距约为10000米，地处烟筒子北山。东北抗联军第五军是中国共产党领导的一支抗日武装队伍，周保中任五军军长。东北抗日军第五军高举抗日救国旗帜，坚持敌后游击战，长期抗日。

D 大盘道战斗遗址

位于黑龙江省牡丹江市林口县，因所处地多为弯曲盘道、厢廊回转而得名。这一地形多山势绵延、青葱茂密、地形十分复杂，东北抗日联军正是看上了这一弯曲地形，认为此地有利于开展抗日战争，故经常在这一地带出其不意的袭击敌军。在大盘道众多抗日伏击战争中，1937 年 1 月 28 日抗联五军对日军的袭击最为沉重，同时我军取得的战果也最大。

E 日军一六二细菌部队遗址

该遗址是一处帝国主义侵华的罪证。1940 年 12 月 2 日侵华日本关东军驻哈尔滨市平房区的七三一细菌部队，分别在林口、海林、孙吴和海拉尔等地设立 4 个支队。驻林口的一六二支队驻扎在林口镇与古城镇之间，现火葬场的后岗梁上，占地万余平方米。院内的主要建筑有：砖墙铁瓦盖的饲养车间，宽 5 米，长 200 米；试验室，是宽 15 米、长 24 米的平房，内设地下室；锅炉房，面积 150 余平方米，内装两台“兰克夏”大号锅炉；其余还有办公室、车库、仓库和神社等建筑，这里有公路与外界相通。

一六二细菌部队在林口期间曾制造了骇人听闻的“七星泡屯窝子瘟”，用带有鼠疫的老鼠为传染源，使 30 多人丧生，大部分牲畜染疾而亡。从 1941 年至 1945 年的五年间，凡经过一六二部队附近的人畜多染瘟疫死亡。1945 年 7 月，日本无条件投降前，一六二细菌部队焚毁了全部机密文件和贵重仪器。“八一五”祖国光复，侵华日军陆续撤离林口，遂将一六二细菌部队的房舍付之一炬，妄图以此销毁侵略罪证。

9.1.2.3 废城与聚落遗迹

A 三道通古城

三道通古城与三道通乡政府距离不远，地处牡丹江左侧，是金代城址。该城是牡丹江流域现存的规模较大、保存较为良好的金代城池，1990年，黑龙江省人民政府将该城列为省级重点文物保护单位。

该城城址呈不规则形，依地势而筑，俗称“靴子城”。古城的城墙全长约为2900米，是夯土版筑，有东西南北四个城门，原本还设置了瓮城；在四个转角处都建造了角楼。城墙外面还建造了25个马面，且修建了又深又宽的壕沟，古城的东面和东南门是牡丹江天险，是天然的屏障。目前，三道通古城墙的保存良好的地方城墙高度超过五米，基阔可达4.5~11米左右。该城曾经出土过平底平沿双耳铁锅1件，该地村民在耕地时亦常有陶器出土，有人曾拾到铜佛和铁镞。城内外地面上遗有较多的灰色布纹瓦及印纹硬质黑陶片。从三道通古城的建造工艺、外形、设施和出土的文物特征来看，该城应该始建于金朝；而从古城的性质来看，应该是军事重地。

B　乌斯浑河古城遗址

乌斯浑河从林口县匆匆西北流去，在刁翎旗东岗子村西北注入牡丹江中。在牡丹江和乌斯浑河交汇的地方，有一座古城遗址即乌斯浑河古城遗址，也被叫做“小城子”。

乌斯浑河古城整体上看是五边形，现存城墙的长度大约是1000多米（因为古城背面的城墙被洪水冲走，所以原本的实际城墙已经无法考证）。古城东面、西面和南面的城墙都大体上还存在，北面的城墙大部分已被摧毁，只在和东面交接处还留存大约40多米的城墙遗址，和西面城墙的交界处则几乎全都被冲毁，只有一点点残留下来。城墙的建筑方式为夯土垒筑，从断口处可以清楚看到夯层的厚度大约是10厘米，东墙北端、南墙东端各有一豁口，南墙豁口似为现代人所开。目前，西南段的古城墙是保存最完整的，高度为4米左右，城外都可以看出城壕遗迹，壕沟和江河连通。

从城墙的断口处能够清晰看到上下两层堆积，上层大部分都是轮制泥质灰陶，和古城的时代的建筑方法比较接近，而下层则是手制夹砂褐陶，该工艺应该比古城时代还要早。从乌斯浑河古城的建造工艺、外形、设施和出土的文物特征来看，该城应该是金代女真人所建，并一直被后面的朝代沿用下来。林口县人民政府已于1982年将此城公布为县级文物保护单位。

C 白虎哨古城

白虎哨古城地处五连山村，在牡丹江左侧几百米处。目前遗留下来的白虎哨古城城墙可以分为两个部分，较大的一部分城墙遗址约有200米长，30米宽，1.5米高，东边有城门遗址。小城墙约有30米长，25米宽，2米高，城墙外还有3米左右的城壕。白虎哨古城的城墙也是夯土结构，曾经在古城外面的耕地里出土过黄褐色和黑色陶片。

D 其他遗址列表

其他遗址见表9-1。

表9-1 遗址时代及位置

序号	名 称	时代	位 置
1	莲花渡口遗址	早期铁器	莲花乡渡口西江右台地
2	三道通渡口遗址	早期铁器	三道通乡渡口
3	三道窖地遗址	早期铁器	三道通乡窑地取土坑
4	江东窖地遗址	早期铁器	三道通乡江东村西北窖地
5	大屯遗址	早期铁器	三道通乡大屯东南角地
6	五队遗址	早期铁器	大屯五队北江左台地
7	三合遗址	早期铁器	建堂乡三合村西河边
8	三合西遗址	早期铁器	建堂乡三合村西河对岸
9	白虎哨遗址	早期铁器	三道通乡曙光村白虎哨城东
10	砬子沟遗址	早期铁器	柳树乡榆树村东砬子沟
11	郭家沟遗址	早期铁器	柳树乡榆树村北沟口东部
12	南山遗址	渤海时期	莲花乡莲花村南2千米处
13	烟筒砬子遗址	渤海时期	三道通乡立业村北烟筒砬子
14	东窑地遗址	金代	莲花乡莲花村东窑地
15	沿江古城	渤海时期	莲花乡莲花村西、江右岸
16	古城镇古城	渤海时期	古城镇所在地
17	五道河子古城	渤海时期	三道通乡五道河子村
18	湖水古城	金代	古城镇湖水村北部
19	土城子古城	金代	建堂乡大盘道村西南山坡

续表 9-1

序号	名 称	时代	位 置
20	小城子古城	金代	莲花乡莲花村南 2 千米处
21	五河城子古城	明代	三道通乡五河村

9.2 林口县历史建筑与设施

9.2.1 历史文化景观建筑与附属建筑（碑碣）——“八女投江纪念地”碑

1982 年 10 月份，为了纪念投江就义的八位女烈士，林口县政府和党委在八女投江纪念地，也就是柞木岗子山下、乌斯浑河左岸的老道口草甸子和渡渡口一带，三家子村东北面，位于柞木岗子山和大小关门嘴子山之间的峡谷中树立了“八女投江纪念地”石碑，该石碑的主体高度约为 1.6 米，宽度约为 0.6 米，建造材料主要是花岗岩。时任黑龙江省省长的陈雷亲自为石碑正面题词“八女英雄，光照千秋”，该题词为竖排结构，分列两行；石碑背面则是“八女投江殉难地志铭”，简单的讲述了八位女战士的抗战事迹。纪念石碑整体的高度大约是 5 米，四周都装饰着花岗岩。石碑底座为 25 平方米的平台，为水泥浇筑而成，石碑周边还树立着 12 根钢柱，柱子和柱子之间都用铁链连接起来；平台的正中间还设计了梯子，高度为 1 米左右。

9.2.2 归葬地

林口县归葬地见表 9-2。

表 9-2 林口县归葬地

序号	名 称	时代	位 置
1	大盘道墓群	渤海时期	建堂乡大盘道村西南山坡
2	板院墓群	渤海时期	五星乡板院村东山坡
3	莲花泡墓群	渤海时期	林口县与依兰县交界处

续表 9-2

序号	名 称	时 代	位 置
4	小五队古墓	金代	三道通乡大屯五队村西

注：资料来源于《牡丹江市文物保护单位保护区规划》。

9.3 林口县历史文化人文活动

9.3.1 历史文化人事记录

9.3.1.1 历史人物

（1）冷云。冷云原名郑志民，1915 年在黑龙江省桦川县出生，1931 年就读于桦川县立女子师范学院，1937 年九一八事变发生后中华大地为之哗然，中华民族掀起了抗日热潮，冷云也加入到了抗日的队伍中去；1934 年，冷云正式成为一名中共党员，主要在佳木斯市等地开展地下抗战工作。

（2）胡秀芝。出生于 1918 年，是黑龙江省林口县人，牺牲时任东北抗日联军第五军妇女团班长一职，也是一名中国共产党党员。

（3）杨贵珍。出生于 1920 年，黑龙江省林口县莲花乡人。1936 年 11 月参加抗联第五军。1937 年秋加入中国共产党。曾任护理员、被服员、班长、副小队长等职。

（4）郭桂琴。出生于 1920 年，黑龙江省林口县河西村人，是抗联第五军妇女团的成员之一。

（5）黄桂清。黄桂清也是抗联第五军妇女团成员之一，也是八位投江殉国的女烈士之一。

（6）王惠民。出生于 1925 年，黑龙江人，中国共产党人。牺牲时，王惠民年仅十三岁，是八位烈士中年龄最小的。

（7）李凤善。黑龙江省龙爪乡人，朝鲜族。牺牲时，李凤善才 20 岁，也是抗联第五军妇女团之一，是投江殉国的八位女战士之一。

（8）安顺福。出生于 1915 年，黑龙江省穆棱市穆棱镇新安屯（今老牛槽村）人，安顺福从小就受革命战争思想的熏陶，13 岁就跟随家人参加抗日救国运动。她16岁就和屯子里的青少年们站岗、放哨、抓坏人、贴标语。

9.3.1.2 历史事件——八女投江

1938年春，在指挥部的命令下，抗联第四军和第五军联合起来组成远征军，朝五常县方向推进，旨在对抗日伪军的讨伐活动，并与第十军顺利会师。远征军从林口县出发。冷云所在的第一师行进到牡丹江时，妇女团的女战士们大部分已经在漫长的残酷战役中牺牲，只有冷云、胡秀芝、安顺福、王慧民、杨贵珍、黄桂清、郭桂琴、李凤善这8位还幸存着。

同年十月，远征军驻扎在柞木岗山下，预备次日渡江前行。但谁料晚上部队取暖的篝火却被敌军特务葛海禄看到，他立即向日伪军通报，并连夜带着日伪军部队赶过来埋伏。次日清晨，我军开始渡河，但因为当地已经下了多日大雨，乌斯浑河水面急剧上升，水流湍急，师部让善水的金世峰参谋和妇女团的8位女同志先行过河，但当金世峰同志向河对岸游过去，妇女团战士们正要渡河之际，敌军突然发动偷袭，我军匆忙之间展开反击，由于大部队处于平坦的河滩地带，不利于作战，于是师部开始往山林中撤退。但妇女团的同志们却滞留在江面，为了掩护大部队撤离，冷云带领妇女团的战士们开始向敌军发起猛攻，吸引了敌军大量的火力，减轻了大部队的负担。大部队撤回山林中才发现妇女团的战士们并未跟上来，于是又折回去援助，试图接应妇女团，但当时敌军在山口处布置了大量火力，狂轰滥炸，将妇女团和大部队彻底隔开。冷云大声喊着口号："同志们，冲出去！保住手中枪，抗日到底！"期间为了接应妇女团的战士们，大部队发起了两次反击，眼看着我军伤亡人员飞速上涨，大部队的指挥员只能下令撤退，带领我军往山林中退去。敌军眼看无法追击我军大部队，就只能对江边的妇女团发动猛攻，想要活捉妇女团的8位女战士。而妇女团的战士们虽然人数不多，子弹也不够充沛，但还是凭借着坚强的毅力和浑不怕死的精神一边借着江边树丛掩护自己，一边应对敌军进攻；但可惜的是，妇女团同志们已经被敌人三面包围，背后就是汹涌的江水，完全没有办法再突围出去，最终打光了所有子弹，在这种绝境之下，为了不被敌军活捉，8 位女战士毅然决然的跳进了冰冷的乌斯浑河，以身殉国。冷云当年 23 岁。

9.3.2 民间历史文化习俗

（1）咔戏。咔戏是林口辛氏家族五代传承的吹奏绝活，是在吹唢呐的技能基础上逐渐摸索创新的气声法，表演形式与众不同，在林口县一带很有影响，深受群众的喜爱。

（2）满族秧歌。林口的满族秧歌由过去单一的踩高跷发展为在高跷上做出优美造型、展示舞蹈美的一种崭新艺术形式。该舞蹈在秧歌的基础上，渗透进了艺术造型和表现元素，丰富了人们求新求变的欣赏口味，从而令人耳目一新。目前活动区域仅限于林口县奎山乡中山阳村，其队伍规模近七十多人，大多是四十岁左右的男女村民，年轻人参与不多，面临失传危险。

10 牡丹江市历史文化旅游资源特征评价及开发

10.1 牡丹江市历史文化旅游资源特征评价

10.1.1 属性特征评价

从前文的调查总结来看，牡丹江市历史文化旅游资源较为丰富，数量很多，本文总体对其属性做以下评价。

10.1.1.1 悠久的历史性

牡丹江地区的发展囊括了人类漫长的历史演化和社会漫长的发展演变各个环节，从原始人类的遗址到奴隶社会、封建社会的遗迹，无不包存。这些丰富的历史文化资源反映了生活在这个区域内的人民和社会群体，在不同的历史时期通过不断地创造生产工具，利用自然，改造自然，赢得了自身的生存权利。通过生产、文化、政治、建设活动，不断开发利用自然资源，创造出绚丽多彩的社会物质和精神财富。

牡丹江地区的人类社会活动经历了悠久的发展历史，在这片土地上留下了分布广泛、形式多样的活动痕迹。这些历史遗址遗迹资源既是牡丹江地区人类发展历史的写照，也是牡丹江地区人类发展历史的再现。每一个资源景观都反映了牡丹江地区在某一特定历史时期人类生产、生活和社会的基本情况，存留的载体内容、形式、结构无不显示着深刻的时代背景和历史痕迹。例如，渤海国时期的建筑遗址虽然有唐代的影子，但同样有边疆少数民族不同的艺术特征。

10.1.1.2 深厚的文化性

牡丹江地区的历史文化资源同样是反映区域内人类社会历史发

展的一部区域文化发展史，也是一部区域内人类物质财富和精神财富的创造史。

这些历史遗址遗迹自身是以物质形态存在的，放在历史时期内，它们是该时期人类物质财富的重要组成部分，而存留到今天，它们是能够准确反映和体现当时历史时期物质文化状况的化石。

这些历史文化资源能够向现代社会及民众传达十分丰富的精神文化信息，如古时的哲学理念、道德规范、科学技术、文学艺术、社会习俗等，是牡丹江地区历史意识形态和上层建筑的载体。

10.1.1.3 强烈的社会性

牡丹江地区的历史文化资源是在当地特有的社会背景、文化氛围下形成的，其所能带给旅客们的体验，也必然会反映牡丹江地区历史发展中的社会政治、文明之人文风貌。

例如牡丹江地区的满族、朝鲜族民族风情旅游，主要展现东北边疆少数民族发展及与中原交流融合的社会面貌；通过游览渤海国遗址则能够看到牡丹江流域千百年来的兴盛衰亡，看到牡丹江人民坚强勇敢的精神意志。

10.1.1.4 突出的民族性

前面总结整理的牡丹江历史文化资源，不管是风俗习惯还是饮食、服饰，都是牡丹江历史的一部分，都蕴含着丰富的民族文化内涵，如朝鲜族的回甲礼、满族的打千礼等，都是人类历史普遍的社会性同区域历史鲜明的民族性的水乳交融，换句话说，如果这些历史文化资源缺乏了民族性，也就不足以体现其完整的社会性了。

尤其牡丹江地区历史上就是满族先民的发祥地，也是朝鲜族等民族的悠久居住地，现存留的历史文化资源突出地体现了这一点实际，也使牡丹江地区的历史文化旅游资源中以民族风情为主体的文化旅游资源类型十分丰富。

10.1.1.5 鲜明的地域性

由于我国南北方自然环境的差异，牡丹江地区生活的各民族群众，在悠久的发展历史中形成了地域性鲜明的活动方式，饮食、服饰等也具有很大的不同，都有极强的地域特点。在某种程度上来说，民族文化都带有浓厚的地域特色，这在牡丹江地区有着鲜明的体现，因此，牡丹江地区的历史文化旅游资源也具有鲜明的地域分异规律和特征。

例如，东北的气候特征形成了牡丹江地区人民鲜明的服饰特征、饮食特征、生产生活特征等，古时人民智慧发明的靰鞡靴，口味浓重的东北炖菜，冬天的马拉爬犁等等。

10.1.1.6 形式的多样性

牡丹江地区悠久的发展历史创造了丰富的区域文化，不管是在物质层面还是精神层面，牡丹江流域都具有多姿多彩、璀璨夺目的文化内涵。其包括礼仪、历史、建筑、习俗、饮食、制度等各种各样不同的文化形式，内容非常全面，十分值得游览。

10.1.2 存留现状评价

10.1.2.1 旅游价值高低不均衡

牡丹江市的历史文化旅游资源的旅游价值高低，主要体现在其旅游吸引力的高低，而吸引力的载体包括了这些资源景观的历史价值、艺术价值、文化价值等方面。

对于旅游消费者而言，之所以能够对牡丹江市某种或某个历史文化因素产生兴趣，对某类的历史文化旅游资源或景观产生旅游动机，在某种角度而言，该历史文化因素或景观的知名度、社会认可度，以及社会影响力便是主要的决定指标。

例如，牡丹江的红色抗联历史文化，文献及口承传播的林海雪原剿匪，进而形成的《林海雪原》等影视作品，具有广泛的社会认可和极高的知名度，成为人们探寻和体验当时历史红色文化的旅游动机；雪乡的区域自然地理环境造就的区域民俗文化，成为人们到雪乡观雪景、体验雪乡生活、感受雪乡风俗的旅游推动力，同样打造了“中国雪乡”这一知名的文化旅游景观。

同时，还要注重前文分析提出的另一个观点，即某种历史文化因素所处于的上层历史文化系统往往也起到其旅游价值高低决定性的作用。换句话说，一个本身个体价值单一或水平较低的历史文化因素，因其所处文化系统整体的高价值性牵引，在旅游者追求体验文化整体性的前提下，其自身旅游价值会得到连带提升。例如，渤海国文化遗址，其处于唐代历史文化系统的边疆文化组成之一，也是东北亚文化圈层结构重要组成之一，虽然历史实物留存并不丰富，但也无法阻碍其成为受到世人所重视的历史文化旅游资源。但我们也不得不承认，其目前仍然处于旅游价值较低的状态，有待于进一步依托文献资料和口承资源进一步弥补其实物留存的不足，从而期待其未来发展的美好蓝图。

除此之外，相对于这些旅游价值高的历史文化旅游资源，更多处于零散状态的历史文化旅游资源目前旅游价值处于较低状态。但我们还是应坚持开放持续发展的观点，不断进一步挖掘和搜集文史资料及口承资源，来淡化实物留存的不足，谋求未来更好的发展。

10.1.2.2 系统性欠缺不完善

历史文化旅游资源的系统性评价，主要指是否存在若干历史文化因素共同构成一个能够较为完整还原某个人类社会发展历程中的某方面史实，能够为旅游者较全面再现人类社会发展历程的某个环节或方面。

综上所述，牡丹江市的历史文化旅游资源可以大致划分为两个时段（见表10-1）：一是早期铁器时代之前；二是金唐之后。这两个时段的历史文化资源均较为丰富，但两个时段中间却为一个缺失空间。所以，从宏观时间轴来看，牡丹江的历史文化旅游资源系统性有所欠缺，这与历史发展中该区域的实际情况有很大关系，文献资料和实物留存都很欠缺。

但是，从中观的时间轴来看，早期铁器时期及渤海时期等时间段内，历史文化因素留存却十分丰富，较好地反映了当时的社会发展和经济活动实际情况，具有较好的系统性特征。

表 10-1 牡丹江市文物遗存一览表

地区	第四纪化石地	新石器时代遗址	早期铁器时代遗址、古墓（群）	金代遗址（东夏国）	渤海时期遗址、墓（群）	明代遗址	清代事件发生地、烽燧、碑、墓（群）、桥、建筑小品	近代教堂站、宗教场所	现代陵园、事件发生地、碑
牡丹江市区	5	3	19	—	20	—	8	—	3
绥芬河市	—	1	—	—	—	—	—	6	1
海林市	—	5	23	10	36	—	3	1	2
宁安市		4	37	5	42	—	5	—	2
东宁市	—	1	26	2	7	—	—	—	—
穆棱市	1	4	25	3	15	—	—	—	—
林口县	4	1	11	7	8	1	2	—	3
合计	10	19	141	27	128	1	18	7	11

注：资料来源于《牡丹江市文物保护单位保护区规划》。

10.1.2.3 完整度较高但有待深入挖掘

历史文化旅游资源的完整度评价是从历史学的角度而言，从传史或文化传承角度是否较好地覆盖了三种途径，即其表现形式的文献资料、口承和实物遗存。

牡丹江市的历史文化旅游资源文献资料较为丰富，口承资源得益于民间的保留及传承，有较好的挖掘空间，但目前仍有待进一步深入工作，实物遗存如前文调查体现，也具有较好的状态，总体而言，牡丹江市的历史文化旅游资源的完整度较高，潜力也很大，但是仍需要进一步深入加强。

但是，这一方面同样有较大的差异性（见图 10-1）。从时间段的资源分布来看，铁器时代和渤海时期的历史遗存十分丰富，包括了较多的实物遗存、文史资料和口承资源，其完整度纵向结构层次丰富，其反映出相应时期历史文化史实的深度水平较高，也体现了较高的旅游价值。但相对而言其他时段完整度较为低弱，潜藏于诸多文史资料及民间口承的资源仍有待相关工作者进一步挖掘。

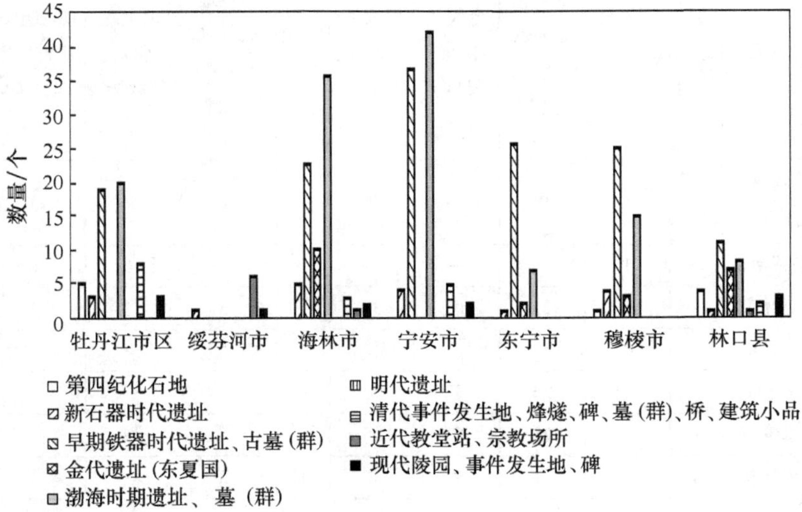

图 10-1　牡丹江市历史文化旅游资源结构比例

10.1.2.4　空间分布较不均衡

海林市、宁安市历史文化旅游资源分布较多，绥芬河市、东宁市分布较少，呈现一种不均衡分布状态。从这一分布特征来看，牡丹江市历史文化旅游资源的空间分布特征主要影响旅游开发的战略规划，应侧重以下几个方面：

一是海林市、宁安市作为资源分布丰富的地区，应重在发挥系统性特征并侧重价值挖掘和产品创新，注重提高经济和社会效益。

二是市区、穆棱、林口三地具有一定基础，应进一步增强完整度并提升产品开发创新度。

三是相对资源分布较少的绥芬河、东宁两地，更多的工作应是从资源整合角度出发，将有限的资源与区域外历史文化因素联系，提升整合性的系统性和完整度，从而间接提升旅游价值，实现较好的旅游开发。

10.2 牡丹江市历史文化旅游资源开发

一个地区要想发展旅游业，首先必须具有丰富的旅游资源。因此，旅游资源开发是影响旅游业可持续发展的关键。旅游资源开发，广义的理解是把旅游开发上升到国家政策，等同于教育事业、社会福利、经济发展等，全面发展旅游行业。而狭义的旅游开发则是结合当地的实际情况，采取科学合理的手段对当地的自然和人文方面的旅游资源进行评估、规划、建设，大力经营旅游事业，提高旅游资源的利用效率。并结合当地的市场条件、生产力状况、人才储备等各方面因素，制定适宜的发展目标，提高基础设施建设水平，从而促进当地旅游业发展，增强当地经济实力，获取更多的利益。不管旅游资源有多丰富，如果未被开发，那就是不存在任何旅游价值的。因此，旅游资源的开发利用会在很大程度上影响到其旅游价值的高低，合理的开发利用会使旅游价值得以提高和创新。纵观中国旅游活动及旅游资源的开发史，可以为牡丹江市历史文化旅游资源开发提供系统的借鉴和启示。

10.2.1 中国古代旅游资源的开发启示

中国古代旅游历史悠久，殷周时代我国就有了早期的旅游活动，在《周易旅游·观卦》中就有“观国之光”一词，也是后来“观光”一词的由来。《山海经》中则系统地记载了春秋时期全国范围内 26 个山区，451 座名山的祭礼封禅盛典的情况，这些名山可谓中国最早的旅游景区。早期的旅游资源开发是自发性的，伴随着旅游活动产生和发展；随着帝王巡游、官吏宦游、士人漫游及高僧云游等旅游活动的日渐兴盛，旅游开发的主动性逐渐增强，开发程度也具有更大的伸缩性。时至宋代，旅游文化和风景名胜建筑的开发达到了一个新的水平，园林的建设成为这一时代旅游资源开发的特点。南宋之后至明清，封建社会由盛转衰，统治者骄奢淫逸，兴建了圆明园、颐和园、景山、西苑（三海）、乾隆御花园、承德避暑山庄等一大批风景名胜地，这一时期名山寺院的建设也十分兴旺，元代全国寺庙 24318 所，清康熙年间则发展到 79622 所。清末，中国逐渐沦为半殖民地社会，战乱使许多风景名胜遭到无法弥补的损害，许多宗教名山也逐渐破落，相对应的官僚买办阶级和帝国主义所在的沿海城市与某些风景胜地，如上海、广州、厦门、青岛、庐山、北戴河等地则兴盛了起来，旅游资源开发利用明显打上了功能化和功利化的烙印。时至新中国建立之前，封建势力、反动军阀、官僚买办的破坏和盗窃，帝国主义的掠夺和践踏，使中国的历史古迹、自然风光、革命遗迹、民族风情等旅游资源屡遭劫难，众多旅游胜地荒废、古建筑倒塌、文物古迹被掠夺，给中国旅游资源带来沉重的打击。

由史而看，一是统治阶级的主导开发是强有力的推动，但封建社会的统治阶级往往由个人主观主导开发，从而导致片面性及局限性。二是开发主体的多元化促进了旅游开发的丰富性，如宋代园林的建设。三是社会动荡往往导致旅游资源破坏，社会升平是旅游开发的基本前提。

可见，牡丹江市历史文化旅游资源开发依然应以政府为主导，但应重视科学规划合理开发；同时，吸引多方投资主体共同开发，提升旅游产品多样性；并且在促进社会经济持续稳定发展的同时，合理分配资源进行开发。

10.2.2 新中国成立初期旅游资源开发的启示

新中国成立初期，尽管经济基础薄弱，国家仍对旅游资源的开发给予大力支持。旅游资源初期开发的工作以保护为主，兼顾建设。国家通过颁布法令、制订政策，保护国家珍贵的历史文物。同时，经济的复苏和各行业的蓬勃发展，又丰富了我国的旅游资源。

首先，自 1950 年开始我国政务院为了加大保护人文历史资源的力度，便连续出台了《保护古文化建筑办法》以及《禁止珍贵文物、图书出口暂行办法》等法律法规；而在《关于基本建设工程中保护历史革命文物的指示》这一文件当中，反复强调了应处理好社会主义建设工程和保护文物古迹之间的矛盾。在发生矛盾或者是难以调和的纠纷时，应结合实际情况，秉承“既对文物保护有利，又对基本建设有利”这一原则进行处理，以保证珍贵文物不在建设中遭受破坏；我国文物保护机构、国务院以及相关部门在经过调研与核查之后，于1961年3月共批准公布了108处保护单位，并结合国内的文物及上古遗址的保护现状，颁布了“文物保护管理条例”，从根本上提升了我国文物保护的质量与效率。

其次，合理规划开发旅游资源。50年代开始，全国诸多地区通过合理规划与布局，成立相应管理机构，改善交通、建设基础设施，并建设了以“重要革命纪念地”为中心的风景旅游区，不但能够起到让人们铭记历史的作用，对保护生态环境也有着重要作用。例如国内知名的井冈山风景区，建立多年，自有一套专业的保护体系，如今已成为向世界传扬中国红色革命及相关事迹的重要之所。

通过查阅史料可以了解到，建国初期政行令止，文物的保护和考古发掘等资源开发工作并重，极大地丰富了史前文化的资料积累和认识，增添了大量宝贵的资源。此外，建国初期的社会主义建设促进了旅游资源的开发和利用；工业、农业、交通运输业等各行业的发展和取得的成绩，都是促进我国旅游业发展的关键因素。在此背景下，应加快构建牡丹江市历史文化旅游资源保护与开发的法律法规，为历史文化旅游资源开发保驾护航。其次，多产业的创新发展，是体现旅游业综合性发展的前提条件，优势发挥“旅游+”产业融合能力的最好保障。

10.2.3 改革开放后中国旅游资源开发的启示

1978年，邓小平同志在开展大范围的调研活动之后，提出“旅游事业大有文章可做，要突出地搞，加快地搞”的号召。中国旅游业迎来了飞速的发展。改革开放30年，中国旅游资源的开发利用进入了崭新的阶段。不但有效保护了传承多年的历史文物和文化遗址，还开发出了多种与世界旅游行业发展趋势接轨的产品，这些都为中国旅游业的发展奠定了坚实的基础。

（1）这一时期，中国旅游资源的开发保护和建设并重。1985年，为了促进国内旅游业的发展，国务院出台了《关于当前旅游体制改革几个问题的报告》这一文件，该文件中指出：群众、地方以及国家应给予旅游业的发展高度重视，不能只抓国际旅游，而是应将资源投在国内旅游事业的建设上，也可凭借地方优势积极引进外资，在保护生态环境的前提下开发旅游资源。

(2) 旅游资源开发加强标准化建设，更加规范。1992 年，“中国旅游资源普查规范《试行稿）”经过反复的会议研讨，已通过了相关部门的评审，成为当时普查国内旅游资源的重要文件；1995 年，国务院为加大开发我国旅游资源的力度，组建了全国旅游标准化技术委员会，为后续旅游环境的保护及资源的开发奠定了坚实的基础；发展到 2001 年，我国旅游资源的开发工作已经有了一定的起色，但是为了保护生态资源与旅游资源开发的质量，所以国家成立了全国旅游质量认证管理委员会。截止到 2008 年 12 月 30 日，我国已出台了 7 项行业标准、11 项国家标准，为保护我国生态环境以及旅游资源的建设工作做出了重要贡献。

(3) 旅游产业形态更为完善。旅游产业逐渐发挥集群化优势，特种旅游、公务商务、自驾车旅游所占比例也日渐提升。

(4) 强调可持续发展，旅游资源开发更加系统化、科学化。2007 年我国旅游局出台了《旅游资源保护暂行办法》，这为中国旅游资源开发利用的系统化和科学化，提出了具体的要求。

(5) 从产业发展角度来讲，强化全域旅游理念，把旅游产业各个环节有机衔接，充分发挥旅游产业的整体效益和资源优势，拉动地方经济快速发展。特别是进入新时代以来，习近平总书记提出“青山绿水是金山银山，冰天雪地也是金山银山”的重要思想，强调环保与开发有机结合，人文与自然景观相互融合，倡导绿色、协调、可持续发展的发展战略，为旅游业发展指明方向，也为旅游业迅猛发展提供了强大的推动力。

因此，牡丹江市历史文化旅游资源的开发同样应注重保护性开发，辩证审视开发与保护的关系。同时制定、修订并执行完善的国家标准和行业标准，为旅游资源开发的持续发展奠定基础。此外，进一步促进形成一批具有国际水准的旅游吸引物、旅游设施和旅游企业，进一步增强旅游产品在国际市场中的吸引力，是重点的发展方向。

10.2.4 经验启示下的牡丹江市历史文化旅游资源开发导向

综上分析，中国旅游资源开发利用的功效有目共睹，积累了丰富的经验，在此总结几点开发导向供相关部门及决策者参考借鉴。

一是解放思想，转变观念，深化改革，准确定位，把旅游业作为牡丹江市经济发展战略中的重中之重，优先发展，大力扶持。充分运用域内丰富的旅游资源和历史文化资源，让冰天雪地、青山绿水变成金山银山。

二是打破部门条块分割，确立大牡丹江的全域旅游发展理念，用全域旅游思想推动地域旅游产业发展，可以分为三步走。第一步，把牡丹江周边的景区，镜泊湖、雪乡、渤海国遗址、牡丹峰、三道关、横道河子等景区整合为一个整体，形成市区大景区，推动短途旅游发展，增加旅游者过夜天数；第二步，把 5 市 1 县的自然风光和历史文化旅游资源进行开发融合，使其各具特色，浑然一体，特别是要发挥东宁、绥芬河跨境游的独特优势，充分展示出牡丹江市丰富的旅游资源和浓郁的历史文化特色；第三步，充分发挥大牡丹江旅游目的地的聚集联动和旅游大通道的作用，形成具有丰富内涵的旅游向心力。南联长白山景区，北接哈尔滨亚布力景区，东延兴凯湖景区，把这几个国内知名景区相衔接，打造集绿色生态、休闲避暑、冰雪风光等内容为一体的北国旅游景区群，充分展示出牡丹江全域旅游的独特魅力。

三是政府主导，统筹利用社会资源。旅游业是综合性产业，牡丹江市历史文化旅游资源开发要求区域社会经济运行高度协调，各方面资源优化配置，市场充分发育，市场体系相应成熟，逐渐形成政府主导、部门支持、市场主体、企业运作、社会参与、利益协调、和谐发展的模式。引进大旅游集团投资，利用本地民营资本和旅游企业共同打造。

四是以市场为导向，开发旅游产品，加强宣传促销，提升牡丹江市历史文化旅游整体形象。旅游者是受益的源泉，市场规模的扩大是旅游资源进一步开发利用的基础。

五是加强旅游标准化建设，提升历史文化旅游资源开发利用的规范性。质量是永恒的主题。牡丹江市的历史文化旅游产品和服务质量和水平与旅游业发达国家及地区尚有较大差距。多年经验证明，采取市场化的思路和标准化的手段来研究推动质量提升工作，持续坚持提升服务质量，完善旅游对市场的服务功能是可以收到成效的。

六是坚持科教兴旅，注重历史文化旅游资源开发过程中的人才培养和技术进步。历史文化旅游资源开发，包含对资源、市场、产品、商品、人才等的综合研究，需要通过应用新技术不断提高旅游生产力。尤其信息时代，旅游电子商务和电子政务的普及率越来越高；数字信息技术的应用日趋扩大；数字化营销也越来越风生水起，这些都是牡丹江市历史文化旅游资源开发需要重视的领域，需要相关人才与技术的支持和保障。我们应在旅游发展过程中，一方面重视人才的教育培训，另一方面也创造人才脱颖而出的机制。

参考文献

[1]（汉）司马迁．史记［M］．北京：中华书局，1959.
[2]（汉）班固．汉书［M］．北京：中华书局，1962.
[3]（唐）李百药．北齐书［M］．北京：中华书局，1972.
[4]（元）脱脱．金史［M］．北京：中华书局，1975.
[5]（清）阿桂．盛京通志［M］．沈阳：辽海出版社，1997.
[6]（清）萨英额．吉林外记·吉林志略［M］．长春：吉林文史出版社，1986.
[7]（清）吴兆骞．秋笳集［M］．上海：上海古籍出版社，1993.
[8]（清）方拱乾．何陋居集·甦庵集［M］．哈尔滨：黑龙江大学出版社，2010.
[9]（民国）宁安县志［M］．台北：成文出版社，1974.
[10]（清）张缙彦．宁古塔山水记·域外集［M］．哈尔滨：黑龙江人民出版社，1984.
[11]（清）杨宾，方式济，吴振臣．龙江三纪［M］．哈尔滨：黑龙江人民出版社，1985.
[12] 邓清林．黑龙江地名考释［M］．哈尔滨：黑龙江人民出版社，1986.
[13] 李兴盛．东北流人史［M］．哈尔滨：黑龙江人民出版社，1990.
[14] 杨锡春，李兴盛．宁古塔历史文化［M］．哈尔滨：黑龙江人民出版社，2005.
[15] 李兴盛．增订东北流人史［M］．哈尔滨：黑龙江人民出版社，2008.
[16] 宋德金．吴兆骞和他的边塞诗［J］．社会科学辑刊，1980（6）．
[17] 于志耿，孙秀仁．黑龙江古代民族史纲［M］．哈尔滨：黑龙江人民出版社，2015.
[18] 李玲．《秋笳集》中的东北地名考释［D］．济南：山东大学，2007.
[19] 政协牡丹江市委员会．牡丹江史话［M］．哈尔滨：黑龙江人民出版社，2014.
[20] 牡丹江市志编纂委员会．牡丹江市志（中）［M］．哈尔滨：黑龙江人民出版社，1993.
[21] 牡丹江市志编纂委员会．牡丹江市志（下）［M］．哈尔滨：黑龙江人民出版社，1993.
[22] 牡丹江市志编审委员会．牡丹江市志（上）［M］．哈尔滨：黑龙江人民出版社，1993.
[23] 东宁县志办公室．东宁县志［M］．哈尔滨：黑龙江人民出版社，1989.
[24] 绥芬河市地方志编纂委员会．绥芬河市志［M］．哈尔滨：黑龙江人民出

版社，2000.
[25] 黑龙江省文物考古研究所，吉林大学考古学系．河口与振兴：牡丹江莲花水库发掘报告［M］．北京：科学出版社，2001.
[26] 孙忠家，等．黑龙江旅游资源与开发［M］．哈尔滨：哈尔滨出版社，2002.
[27] 温士杰．牡丹江市郊区志［M］．哈尔滨：哈尔滨工业大学出版社，1992.
[28] 吴树刚．牡丹江简史［M］．哈尔滨：哈尔滨工业大学出版社，1999.
[29] 李向明．景德镇陶瓷历史文化旅游资源及其深度开发［J］．江西财经大学学报，2003（06）：91~92，104.
[30] 任媛媛．桂林历史文化旅游资源开发研究［D］．桂林：广西师范大学，2006.
[31] 戴庞海．南阳历史文化旅游资源开发探讨［J］．地域研究与开发，2006（02）：73~76.
[32] 何裕宁．景德镇陶瓷历史文化旅游资源及形象设计研究［J］．商场现代化，2006（33）：203~204.
[33] 唐国琪．历史文化旅游资源的开发利用［J］．资源开发与市场，2005（05）：476~477.
[34] 云南省社科联课题组．论云南历史文化旅游资源的内涵、类型、特色和价值［J］．学术探索，2004（08）：92~97.
[35] 郝帅帅．历史文化旅游资源分类评价研究［D］．福州：福建师范大学，2010.
[36] 王龙娟，张茵．隐性历史文化旅游资源显性化途径探讨——以山西侯马为例［J］．地理与地理信息科学，2014，30（03）：120~124.
[37] 易振龙．一体化框架下珠中江三地历史文化旅游资源整合研究［J］．开放导报，2011（04）：105~108.
[38] 杨文安．鸡足山佛教历史文化旅游资源开发探析［J］．思想战线，2011，37（S1）：462~463.
[39] 孙杰．赤峰蒙元历史文化旅游资源整合与开发［J］．中国商贸，2010（13）：66~67.
[40] 周其厚．论桂林江头洲历史文化旅游资源的开发［J］．广西师范大学学报（哲学社会科学版），2010，46（03）：58~62.
[41] 廉同辉，王金叶．桂林历史文化旅游资源开发探讨［J］．广西民族大学学报（哲学社会科学版），2008，30（S2）：48~50.
[42] 杜旭东．南阳市历史文化旅游资源开发策略研究［J］．资源开发与市场，

2008（11）：1015，1051~1053.

[43] 张艺．旅游区位论视角下的广州历史文化旅游资源开发策略探论［J］．广州大学学报（社会科学版），2016，15（07）：62~65.

[44] 张晓萍．文化旅游资源开发的人类学透视［J］．思想战线，2002（01）：31~34.

[45] 王兴中．中国旅游资源开发模式与旅游区域可持续发展理念［J］．地理科学，1997（03）：27~32.

[46] 汪侠，顾朝林，刘晋媛，等．旅游资源开发潜力评价的多层次灰色方法——以老子山风景区为例［J］．地理研究，2007（03）：625~635.

[47] 李永乐，闵庆文，成升魁，等．世界农业文化遗产地旅游资源开发研究［J］．安徽农业科学，2007（16）：4900~4902.

[48] 刘家明．从规划实践看旅游资源开发评价［J］．旅游学刊，2006（01）：9~11.

[49] 黄耀丽，吴兆宁，郑坚强．基于区域竞争力对比的新疆旅游资源开发分析［J］．干旱区地理，2006（03）：403~410.

[50] 孙业红，闵庆文，成升魁，等．农业文化遗产旅游资源开发与区域社会经济关系研究——以浙江青田“稻鱼共生”全球重要农业文化遗产为例［J］．资源科学，2006（04）：138~144.

[51] 张耀军，成升魁，闵庆文．资源型城市转型与旅游资源开发——以铜川市为例［J］．中国人口·资源与环境，2003（01）：46~50.

[52] 刘晓霞．陕西文化旅游资源开发研究［J］．人文地理，2004（05）：18~21.

[53] 黄光文，朱龙凤．红色旅游资源开发中的红色文化传承［J］．求实，2008（06）：92~95.

[54] 彭德成．论中西部旅游资源开发的资本市场战略［J］．旅游学刊，2000（02）：42~45.

[55] 张颖．美国西部乡村旅游资源开发模式与启示［J］．农业经济问题，2011，32（03）：105~109.

[56] 章尚正，马贤胜．旅游资源开发与保护中的制衡机制失衡与政府规制优化［J］．旅游科学，2009，23（05）：1~7.

[57] 周武生，邓梅．体验式旅游资源开发模式探讨［J］．湘潭大学学报（哲学社会科学版），2005（S2）：166~168.

[58] 柳小正，王秀海．日本旅游资源开发与重构探析［J］．现代日本经济，2018（01）：73~83.

[59] 管玉梅，王浩，夏冬艳，等．我国民族文化旅游资源开发潜力的多层次灰

色评价研究——以海南疍家文化旅游资源开发潜力评价为例 [J]. 科技通报，2017，33（10）：256~260.

[60] 黄安定. 基于产业耦合的我国乡村隐性旅游资源开发模式研究 [J]. 农业经济，2017（11）：50~51.

[61] 喻发美，陈俊华，孔莉，等. 基于点-轴理论的中-伊铁路沿线旅游资源开发研究 [J]. 地理与地理信息科学，2016，32（05）：115~120.

[62] 岑鸿，李储林. 布依族节庆民俗旅游资源开发及利用研究 [J]. 贵州民族研究，2016，37（10）：178~181.

[63] 张景群，王志贞. 森林景观资源评价指标体系研究 [J]. 陕西林业科技，2003（04）：49~53.